ECONOMIC DAILY
GLOBAL COLLECTION

跨国布局

陈学慧/主编　廉丹/执行主编

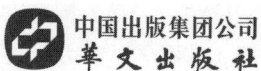

中国出版集团公司
华文出版社

本书主编：陈学慧
执行主编：廉　丹

主创人员：朱　琳
　　　　　袁　勇
　　　　　孙昌岳
　　　　　仇莉娜

序

跨国公司动向，是洞悉世界经济发展的重要窗口；在华外企发展动态，则是了解中国社会发展的重要渠道。这也是本书的价值所在。

如果说今天的世界经济格局是经济全球化进程的结果，那么跨国公司便是这一进程的主角之一。受益于经济全球化，跨国公司将业务推向世界的各个角落；在这一过程中，它们不断发展壮大，也使经济全球化不断深化。在许多国家，跨国公司的业务从零起步，逐渐壮大，直至与当地经济融为一体，共荣共生。

在中国，这一现象尤为明显。

1987年11月12日，肯德基的中国第一家餐厅在北京前门开业。初冬的寒风挡不住人们的分享热情，甚至有人不惜为此排队一小时。这也成了许多中国人对于"洋快餐"的最早印象。如今，肯德基在中国的门店已超过6000家，成为大中城市、旅游景区、车站机场司空见惯的"快餐店"。

这是众多跨国公司与中国经济逐步融合发展的真实写照。改革开放40多年来，中国向世界敞开大门，在医疗、餐饮、工业、金融等各个领域，大量外资企业进入中国市场，所带来的产品与服务已深入中国百姓的日常生活,并在很多方面成为中国企业的"老师"。

积极吸收外商投资发展经济是中国对外开放基本国策的重要内容。40多年来,外商投资规模从小到大,投资水平由低到高、投资区域从沿海到内地,形成了中国改革开放进程中的一道独特而靓丽的风景线。某种意义上说,在华外企助推了中国的改革开放,加速了人们的思想观念更新,深化了中国政府职能转变和宏观经济管理制度改革,在中国开放型经济体制不断完善的过程中发挥了重要作用。

与此同时,为了吸引外商来华投资,中国在财税、资金、土地等众多方面推出了许多激励政策。中国庞大的低成本劳动力、不断完善的基础设施和丰富的能源资源等条件,让众多外企看到了布局中国的巨大优势和必要性。

对于外企来说,中国庞大的市场更是充满了吸引力。目前,世界50家最大的零售企业,超过70%在中国市场进行了投资布局。几乎所有的国际大型汽车公司都在中国合资建厂,并针对中国市场的消费特点推出了特定产品。随着中国服务业对外开放程度的不断提升,外商投资已经覆盖了大部分的服务业门类。可以说,外商投资企业进入中国后获益匪浅,没有中国市场,很多跨国公司难以达到如今的发展规模。

习近平总书记多次说过,中国发展是属于全人类进步的伟大事业。中国将张开双臂,为各国提供更多的市场机遇、投资机遇、增长机遇，实现共同发展。进入新时代的中国，对外开放将更加从容自信。中国的超大规模市场既是中国企业的机遇，也是跨国公司的机遇。中国经济正在谋划的新发展格局将在全球范围内推动生产消费活动的恢复和繁荣。这不仅是众多在华企业的信心，更是越来越多跨国公司投身中国发展大潮的理由。

中国在多个场合多次承诺，不管世界形势如何变化，中国坚持开放的目标不会变，扩大开放的决心不会变。可以预见，新时代的中国，依然是外企的巨大利好。面对百年未有之大变局，中央提出，"逐步形成以国内大循环为主体、国内国外双循环互相促进的新发展格局。"目前，中国正在通过自身经济的持续稳定发展，继续带动全球经济的复苏和增长。中国向好而稳定的经济基本盘，在持续推动内循环的同时，必将为外循环提供有利的条件。

《经济日报》诞生于改革开放之初，一路前行，见证并记录了中国波澜壮阔的改革开放历程，见证并记录了跨国公司在中国的发展轨迹。未来的日子里，《经济日报》将继续一如既往地关注中国的改革开放，关注在华外企。我们相信，跨国公司将在中国这个世界最大市场，与中国同频共振，共同促进世界经济的发展。

张小影

2020 年 8 月

时任经济日报社社长兼总编辑

目 录

第一章 外企"恋"上中国 /001

尽管受中美经贸摩擦影响，2019年外资企业在中国的投资和发展仍呈增长态势，为中国的经济建设作出了不可磨灭的贡献。与此同时，它们也在中国拓展了自身的发展空间。对于众多跨国公司来说，中国依然充满机遇和魅力，是投资与合作的热土。

从几件大事说起 /003

透过布局看本质 /008

来华投资热点在哪里 /015

在中国"创新" /020

深耕中国的多种方式 /025

"花样"亲近中国消费者 /030

跨国布局

第二章　提升核心竞争力　实现资产优化 /033

跨国公司通过国际直接投资，依其价值链增值的方向进行全球区位的选择，以构成一体化的国际生产体系，极大地促进了资本、人力和技术等生产要素在全球范围内的合理配置和流动，对全球经济的发展起到了巨大的促进作用。而跨国公司在此过程中的合并、分立、融资、合作等，无不透露着全球经济发展态势的端倪。

整合资源，合有合的道理 /035

分拆、上市，分有分的理由 /044

寻"资"问道 /049

这些行业的动作比较多 /053

充满想象力的合作 /059

第三章　创新者赢 /065

创新是一个恒久的市场话题，对于企业来说，无创新不突出，无创新不胜利。研发新技术，是创新；搞出新设计，也是创新；推出新营销，还是创新。这一章，我们盘点一下2019年跨国公司的创新成果，包括新产品、新技术、新合作，以及新战略。

新产品开拓市场 /067

新技术创造未来 /073

新合作带来多赢 /081

新战略重塑优势 /090

第四章 可持续发展 /099

在经济全球化浪潮中，商界的影响力日趋强大，世界各国对企业的社会角色认知与界定正在发生巨大的改变。企业作为社会经济的主体，其活力体现了社会经济发展的活力，因此，越来越多的企业不再仅是追求股东价值最大化，而是要满足多利益相关方的诉求和利益回报。社会经济的可持续发展是通过企业的发展与壮大实现的，企业自身应承担的社会责任将会越来越大。

商业模式低碳化 /101

垃圾处理成热点 /108

推动环保，哪家快？ /114

新能源汽车加速跑 /117

新品主打健康生活 /124

第五章 研究中国 "窥"得先机 /129

国际管理咨询公司及行业领军企业定期发布的诸如市场调查、价格预测、企业诊断、盈亏分析、销售市场分析等调查、研究报告等能让你对全球经济管中窥豹，感知经济冷暖。

　　对企业而言，如何进行市场竞争，保持优势？如何找出新的利润增长点？如何不断地为客户增加价值？这些问题关系到企业未来发展。这些调查研究报告不仅为企业制定战略决策、改善经营、切实解决相关问题等提供颇具价值的参考，也往往成为企业经营者把握行业动态及变化，了解经济发展趋势的重要依据。

透视中国发展 /131

观测投资潜力 /137

剖析行业走势 /143

职场人力是第一要素 /152

第六章　"秀"在展会 /159

　　国际性展会是展现全球经济走向的窗口。在这些展会上，企业不但展示其最新的技术、产品和模式，也在向社会传递技术趋势、行业信息、发展策略，以及对市场的认知。

架起新品舞台 /161

展现行业优势 /164

预见智能化未来 /168

主打环保节能 /172

让世界共享中国机遇 /175

目录

第七章　市场冷暖　变者生存 /183

对于企业来说，市场就是生死场。企业热爱市场，也敬畏市场。市场的风云变幻，伴随着企业的兴衰存亡。2019年，有企业在市场中探索到了新路子，也有一些企业不断迷失，走向消亡。

透视市场趋势 /185

喜忧甘苦自知 /191

财务报表透着密码 /196

消费走向引领企业 /206

谁在走向衰败 /210

第八章　公益中国　共同发展 /215

企业作为市场的一分子，除了正常的经营活动和遵纪守法外，理应承担相应的社会责任，理应为当地社会经济的全面发展、人民的幸福生活作出自己的贡献。这才是跨国企业与东道国当地和谐共存、共同发展的题中应有之义。

对战贫困　走向富足 /217

美丽家园　与你同创 /220

助力健康　共享明天 /223

服务科教　培育潜力 /227

服务企业　打造先进 /233

第九章　疫情不能阻挡投资中国 /237

进入 2020 年，突如其来的新型冠状病毒性肺炎疫情（简称"新冠肺炎疫情"）在全球蔓延，全球跨国直接投资处于严重低迷状态。但是，经过中国人民的艰苦努力，新冠肺炎疫情在中国得到有效控制，在华外企积极复工复产，一批重点外资项目陆续签约落地。多位外企负责人表达了这样一个态度：企业将与中国市场"共同成长"。

有序积极复工复产 /239

响应中国国家发展战略 /246

紧跟中国经济热点和市场趋势 /252

技术含量不断提升 /257

立足本土化与中国企业深度合作 /261

第一章 外企"恋"上中国

尽管受中美经贸摩擦影响，2019年外资企业在中国的投资和发展仍呈增长态势，为中国的经济建设作出了不可磨灭的贡献。与此同时，它们也在中国拓展了自身的发展空间。对于众多跨国公司来说，中国依然充满机遇和魅力，是投资与合作的热土。

从几件大事说起

2019年,在全球经济增长放缓、跨国投资低迷、国际环境不确定性增加、各国引资竞争加剧的形势下,中国吸收外资实现逆势增长。按人民币计,达到9415.2亿元,比上年增长5.8%;以美元计,为1381.4亿美元,增长2.4%。规模再创历史新高,稳居发展中国家首位、全球第二位。从数据可见,跨国公司对中国投资的热度依然不减。

扩大投资、加强合作、趁势扩张……我们就先从2019年外商在华的几件大事谈谈跨国公司在华发展现状。

2019年1月7日,刚进入新年,特斯拉上海工厂开工建设。公司首席执行官埃隆·马斯克到上海参加了开工仪式,在此之前,他已按捺不住兴奋的心情,连发推特进行预告。特斯拉上海工厂总投资高达500亿元。这座超级工厂将集研发、制造、销售等功能于一体,全部建成运营后,年产能将达50万辆纯电动整车。将美国之外的首个超级工厂放在中国,表明特斯拉对中国电动汽车市场有极大的信心。

同年11月,第一批中国制造的特斯拉电动汽车陆续抵达该公司的49个直营店。在致股东的信中,特斯拉表示,该工厂的建造成本比其在美国的 Model 3 生产工厂低约 65%。埃隆·马斯克将这家美国以外的首家工厂描述为"未来增长的模板"。

"上海速度"也没有让特斯拉失望。12 月 30 日,特斯拉在上海为国产 Model 3 车型举行了交付仪式,15 辆新车交付到车主手上。这距离特斯拉上海工厂开工建设还不到一年时间,这样的速度创下了全球汽车生产商在中国开工投产速度的纪录。

值得一提的是,2019 年 12 月 30 日,中国商务部发布的《中国汽车贸易高质量发展报告(2019)》称,中国将在 2022 年全面取消外商投资汽车企业的股比限制和合资企业数量限制。主要跨国汽车企业必将调整在华企业的定位,加大在华生产布局,中国有望成为多个外资品牌的全球重要出口基地。未来,全球汽车品牌加大在华布局将成为常态。

中国经济的快速增长、中国市场的广阔前景吸引着很多原料跨国生产商的眼光。

巴斯夫股份公司缩写 BASF,是由全名——Badische Anilin-und-Soda-Fabrik(巴登苯胺苏打厂)缩写而来,这是一家德国的化工企业,也是世界最大的化工厂之一。2019 年 1 月 10 日,巴斯夫与广东省政府签署框架协议,进一步明确其在中国广东建立智慧一体化基地的规划细节。

自 2018 年 7 月巴斯夫与广东省政府签署谅解备忘录后,巴斯夫正式宣布在湛江市新建在华第二个一体化基地。该项目占地约 9 平方千米，项目总投资额将达 100 亿美元左右，并将分阶段实施。新建基地包括一个由巴斯夫全资运营、年产 100 万吨乙烯的蒸汽裂解装置，以及数个面向消费市场的产品和解决方案的生产装置。

巴斯夫 2019 年在华的动作还不止于此。同年 9 月，巴斯夫在上海自由贸易试验区临港新片区签约了一个新重点项目，要借助当地的基础设施和政策支持，尝试离岸转口贸易新形态。此外，巴斯夫还升级了上海设计中心，将其建成共创中心，在中国加大布局设计，同时开展研发业务。巴斯夫的一系列举动无不透露着其对中国市场和营商环境的认可。正如该集团湛江项目负责人所言，中国拥有全球最大的化工产业份额，在过去几十年，中国的营商环境不断优化，这给了巴斯夫信心，中国会是巴斯夫企业发展的主要增长市场，巴斯夫将持续在中国投入产能和研发力量。

辉瑞公司创建于 1849 年，迄今已有 170 年的历史，总部位于美国纽约，是全球最大的以研发为基础的生物制药公司。辉瑞普强致力于通过为患者和医疗人员提供在关键治疗领域领先的治疗手段，来减轻非传染性疾病给全球患者带来的负担。

辉瑞公司在 2019 年 5 月 30 日做出重大决定，宣布旗下全新业务部门——辉瑞普强全球总部落户中国上海。辉瑞普强是由全球最大仿制药企迈兰与辉瑞的非专利药业务合并成立的一个新的跨国制药企业。辉瑞普强集团全球总裁高天磊表示："作为辉瑞内部的一个跨国业务，将全球总部设在中国可使我们能更好地响应最急需的患者需求，尤其是在新兴市场。我们的目标是到2025年在全球范围为2.25亿新患者提供治疗，而中国将成为我们实现这一目标的主要市场。"

同年12月，韩国三星电子公司也表示，将向生产半导体的中国西安工厂投资80亿美元，提高NAND型闪存的产能。此次三星增加投资正值全球内存市场预计反弹之际。预计，由于供应有限，以及对5G设备和网络需求的不断上升，全球内存芯片市场将出现反弹。

西安工厂是三星电子唯一设在韩国之外的存储芯片生产基地。这次80亿美元投资是三星二期项目的第二阶段投资。在此之前，三星一期项目投资108亿美元，建成了三星电子存储芯片项目与封装测试项目。而二期项目主要制造闪存芯片，预计于2021年下半年竣工，建成后将新增产能每月13万片，新增产值300亿元。三星的坚定投资，被外界解读为是中国不断优化营商环境的生动体现。

沙特阿拉伯国际电力和水务公司专注电站开发和海水淡化项目，在中东新能源领域举足轻重，业务遍及中东多国、南非和越南。近年来，该公司与中企合作可谓频繁。2019年，与中企合作，这家沙特新能源企业更是劲头不小！

2019年3月至6月，该公司先后与华为签署合作协议，与丝路基金建立联合投资平台，与中国电建、中国葛洲坝集团、中国银行分别达成协议，还与中国能建达成战略合作，以期进一步在其新能源和海水淡化项目中引入中国技术、设备和资本。沙特国际电力和水务公司还与丝路基金签署了投资合作协议，丝路基金入股沙特公司旗下可再生能源资产平台公司，并持有 49% 股权。

显而易见，允许丝路基金入股 49% 充分突显了沙方对中方企业的技术、运营和管理经验的认可，有助于沙方节省成本、优化管理和技术更新。同时也表明，中国与"一带一路"沿线国家投资合作的范围在扩大，程度在加深。"一带一路"继续开花结果，令人期待。

以上外企的众多举措，虽方式不同，但深耕中国成为众多跨国公司的共识。

零售和服务企业也不甘落后，纷纷施展自己的布局谋略。家乐福中国早在 1995 年就进入中国市场，拥有 210 家大型超市和 24 家便利店。2018 年，该公司净销售额为 36 亿欧元（折合人民币 285 亿元）。2019 年，家乐福以另一种方式表明深耕中国的态度。2019 年 6 月 23 日，家乐福宣布，与中国苏宁集团签署协议，将家乐福中国 80% 的股权出售给苏宁集团。家乐福中国与苏宁易购的互补性强，将促进家乐福中国的发展。家乐福集团将保留家乐福 20% 的股份，并在家乐福中国监事会中占据 2/7 的席位。

2019 年 8 月，宜家中国在北京举行企业战略发布会，宣布宜家将继续深耕中国市场，2020 财年总投资额将为宜家中国历史上最大年度投资额，投资金额大概是 100 亿元。此外，宜家还在评估、布局更多项目，未来两年投资额会进一步增加。

星巴克，这家咖啡连锁公司2019财年在中国新开600多家咖啡店，目前，在全国各地拥有4000多家分店。星巴克公布的2020年财政展望显示，该公司预计将在全球新增2000家门店，并继续在美国和中国扩张。

沃尔玛在宣布计划向中国业务投入超过10亿美元之后，又在其一年一度的发展商大会上宣布，未来5～7年将在中国新开设500家门店和云仓，包括沃尔玛购物广场、山姆会员商店、沃尔玛社区店多个业态。除了开设新店，未来3年还将对200家现有门店进行升级改造。

透过布局看本质

中国对跨国公司吸引力不减，是因为在中国这个广阔的市场里，众多跨国公司收获颇丰。中国改革开放40多年，跨国公司作为重要参与者、见证者、受益者，发挥了积极作用。那么，作为受益者的跨国公司，在中国收获了什么呢？2019年发布的《跨国公司投资中国40年报告》对此进行了详尽解答。

第一，营收大幅增长是最直接的体现。据公开资料显示，2017年，美国20家主要集成电路企业在华营收超过750亿美元，约占这

20家企业总营收的35%。

第二，要素成本优势是一个重要资源，通过中国的人口和政策红利，外企得以降低生产成本，从而赚取丰厚利润。

第三，市场是另一个重要收获。目前，世界50家最大的零售企业，超过70%在中国登陆。在汽车零部件市场，2017年外资企业市场占有率达到49.25%。在手机CPU市场，2018年高通的市场占有率达到53%。在打印机市场，惠普几乎占据了50%的市场份额。

第四，创新成果正成为跨国公司在中国越来越大的收获。数据显示，2019年，38%的受访企业认为中国的创新和研发环境优于世界平均水平。跨国公司充分肯定了在华研发业务的重要性，并认为创新是在华增长的关键，创新将成为未来中国经济腾飞的重要助推器。

联合国贸发会议发布的《2019年世界投资报告》显示，2018年全球外国直接投资下滑，但中国吸引外资总量却逆势上涨了近4%，占全球外国直接投资总额的比重超过10%，继续成为全球第二大外资流入国。

在外商眼中，中国仍然是一块很有吸引力的"磁铁"。虽然2019年，在中国经营的美国公司面临一系列前所未有的风险，如全球经济增长放缓、中美贸易摩擦等，但这并没有阻碍企业进一步深耕中国市场。

外企究竟有多看好中国市场？接下来，我们来听听企业家们怎么说。

上海美国商会主席克·吉布斯在接受美媒采访时说，美国企业对中国仍然非常感兴趣。市场的规模在这里，无论哪家企业都无法忽视。

宝马集团研发董事傅乐希这么说：对于宝马而言，中国的重要性无与伦比，中国是迄今为止我们最大的单一销售市场。现在，全球 1/5 的 BMW 汽车在中国生产，未来的比重还将增加。中国也是我们发展最快的研发中心，中国的客户是对数字化需求要求最高的群体，越来越多的中国公司正成为数字化和移动出行领域的技术领导者，而且中国正以一贯而着眼长远的方式推动这些变革。我们的目标是通过在中国的两家合资公司，四个核心研发领域（自动化、互联化、电动化和共享化）探寻各项前瞻性创新技术。中国不仅拥有世界一流的基础设施，也拥有众多出类拔萃的高学识、极具前瞻思维的卓越人才，更有优秀的政策体系和行业管理，我对中国未来所呈现的发展机遇充满信心。

全球最大资管公司贝莱德首席执行官拉瑞·芬克在年度致股东信中表示，他的目标是在中国建立在岸业务，让贝莱德成为中国领先的资产管理公司。芬克说，中国正在成为亚洲资管行业的引擎。在中国市场的推动下，未来 5 年，全球资管行业 50% 的规模增长将来自亚洲。公司业务在中国市场落地并发展，将成为推动贝莱德业绩持续增长的主要举措之一。

桥水基金创始人、联席首席投资官瑞·达利欧在 YouTube 上发布视频高度评价中国持续推进对外开放，表示现在是投资中国市场的千载难逢的历史性机会，并建议投资者买入中国资产，而且宜早不宜迟，否则错过机遇不说，反而可能形成风险。他说，在当前全球经济面临诸多不确定性的情况下，中国市场风险比多数金融市场都要小，买入中国资产对在全球配置资产的投资者来说是避险刚需。

有了那么多肯定的基调，2019 年刚入年，各大跨国公司便纷纷开始制定在华布局策略。

1 月，美国摩根大通宣布与中国第一高楼上海中心签订租约，扩大办公场所，全力支持中国业务的发展。而早在 2018 年 5 月，摩根大通就向证监会提交了设立外商控股证券公司的申请，扩容就是为继续深耕中国市场做准备工作。由于居民的高储蓄率等原因，中国拥有庞大的资产管理、证券投资市场，随着中国逐步兑现金融开放的承诺，中国金融市场的发展机遇对外资的吸引力也逐渐增大，摩根大通在这个时候加码中国市场，也表明了其对于中国市场前景看好。

英国制药公司阿斯利康宣布与中国绿叶制药集团签署协议，获得血脂康胶囊产品在中国地区的独家推广权，双方将进一步拓展血脂康胶囊产品在华的销售市场。而与此形成鲜明对比的是，阿斯利康不久前宣布了关闭两家位于美国科罗拉多州的生物制剂工厂，同时裁撤上百个工作岗位。能够看出，阿斯利康正在将业务向中国市场倾斜，背后的原因，是中国庞大医药市场的不断开放，以及跨国药企近年来在中国业绩的持续增长。

4月，微软宣布其第三项核心云服务——由世纪互联运营的Dynamics365智能商业云平台将于5月6日在中国正式商用。至此，由Microsoft Azure、Office365、Dynamics365组成的微软"三朵云"全部落地中国。此外，微软还公布了下一个5年发展战略，表示要加大力度深耕中国细分市场，打造符合本地市场多样化需求的三云服务和解决方案。

进入下半年的7月，南非综合化学品和能源企业沙索集团在南京新建的全资烷氧基化工厂开业。不远万里来华的沙索负责人说，选择在中国开建大型工厂，看重的是其庞大的新兴市场、深厚的人才储备，以及当地政府的大力支持，他们希望能够紧紧抓住中国这一全球最重要的新兴市场的机遇，在中国化学品市场日益转向高质量需求和差异化细分的当口，维持和扩大业务增长。

通用电气（简称GE）宣布将在广东揭阳市设立GE海上风电机组总装基地（简称"总装基地"），并在广州开发区投资建设GE海上风电运营和开发中心。GE国际业务总裁兼首席执行官段小缨表示："广东是我们发展海上风电业务的理想之地。此次就发展海上风电这一清洁能源完成投资合作，是GE持续投资中国市场，加速推进'全面本土化、全球合作伙伴、全速数字化'三大中国发展战略的又一体现和崭新里程碑。"

8月,总部位于瑞士的特种化学公司科莱恩在北京举行媒体恳谈会。科莱恩中国区总裁王富才的一句话说得特别坚定:"我们要成为中国市场的局内人。"他用两个数字和三个"不变"道明了科莱恩继续强化中国本土化战略、加大在华投资的信心和决心。他说:"因为中国的化学品市场将占全球市场的40%,未来5年,该领域全球增长的64%将来自中国。"他还说:"中国利用外资的政策不变,中国对外商投资企业合法权益的保护不变,中国为各国企业在华投资兴业提供更好服务的方向不变。"对此我们毫无疑义。

10月,来自西班牙的科技公司马克西姆宣布,其新的制造工厂在山东省平邑县正式投入运营,这一战略举措标志着马克西姆正式开启在华市场活动。马克西姆是一家拥有100多年历史的火药公司,它的创始人就是诺贝尔奖的创始人——阿尔弗雷德·诺贝尔。当然,如今生产的产品已经和诺贝尔当年发明的炸药大不相同,比之前者更加安全了。马克西姆主席兼首席执行官桑切斯·洪科说,中国是全球最大、增长最快的民爆市场之一。在中国开启业务历程,我们感到振奋,因为这里市场规模巨大,前景广阔。中国经济正在进行战略转型,迈向高质量可持续发展,这为马克西姆创造了巨大的商业机遇。

12月,松下电器中国东北亚公司投资成立新公司的签约仪式在

跨国布局

浙江省嘉兴市举行。新成立的松下厨电科技（嘉兴）有限公司，一期工厂建设由松下电器中国东北亚公司全额出资，预计总投资金额为4000万美元，以厨房相关家电及相关厨房用品的研发、生产为主要业务，计划在2021年9月竣工并投入使用。松下进入中国市场已超过40年，品牌号召力显而易见。此次松下将增长战略的关键定在中国，新建工厂便是第一轮具体举措。《日本经济新闻》报道称，松下将在家电竞争最为激烈的中国，制造贴近消费者的商品，以期面向世界开展业务。可以看出，松下希望在中国确立成功模式后，在亚洲其他地区进行业务拓展。

整体上来讲，2019年是跨国公司在华快速发展的一年，也是利好政策频频的一年。为了加大对外开放，创造优良的外商在华投资环境，我国早在2019年1月29日，十三届全国人民代表大会常委会第八次会议就表决通过了"全国人民代表大会常委会关于提请审议《外商投资法（草案）》的议案"，决定将《外商投资法（草案）》提请十三届全国人民代表大会二次会议审议。3月8日，充分吸收各方面意见的《外商投资法（草案）》提请十三届全国人民代表大会二次会议审议。3月15日，十三届全国人民代表大会二次会议表决通过了《外商投资法》。2020年1月1日，《外商投资法》正式施行。

世界银行2019年10月23日发布的《2020营商环境报告》显示，中国营商环境在全球190个经济体中排名第31位，较2018年的第 46 位大幅提升。没有最好，只有更好。中国的营商环境正沿着市场化、法治化、国际化方向不断改善。更加公平、更加透明的市场，必定会吸引更多外资企业到中国来寻找机遇、谋求发展。

来华投资热点在哪里

哪里拥有先进的制造业，财富就会流向哪里。这是一个被很多人津津乐道的规律。通过盘点大量案例发现，2019 年外企在华的资本流向充分印证了这一规律。

先进制造业和中国大市场叠加产生了怎样的效应？商务部统计数据显示，2019 年中国服务业吸收外资 6817.7 亿元人民币，增长 12.5%。其中，信息传输、软件和信息技术服务、租赁和商业服务业吸收外资分别增长 29.4% 和 20.6%。制造业中，医药制造业、电器机械和器材制造业、仪器仪表制造业外资分别增长 61.3%、41.2% 和 48.2%。这一节，我们就聚焦增长最快的那部分制造业，通过实例来看看外企在华投资的热点。

2019 年 3 月，具有 130 年历史、在特种玻璃和微晶玻璃领域领先的跨国高科技集团公司德国肖特宣布，在浙江省建立一个新的生产基地，预计 2020 年投产，服务中国市场。第一阶段在这一生产基地投入将超过 5 亿元人民币，建新厂生产玻璃管。德国肖特董事会

跨国布局

主席 Frank Heinricht 博士提出："中国有望在 2020 年成为肖特全球销售额排名第一的市场，2017—2018 财年，我们在中国的销售额达 1.898 亿欧元（约人民币 14.6 亿元），同比增长 11.1%。"

6 月，德国福伊特集团与中国中车集团达成协议，在上海和北京两地成立合资公司，专注于高速列车、城际列车、地铁与轻轨零部件的研发制造等业务，此外，还将为各类工业市场提供风力齿轮箱等产品。福伊特集团驱动事业部是全球领先的铁路行业智能驱动解决方案供应商。目前，中国高速铁路建设如火如荼，总里程已占全球 2/3，并且在继续投入巨资拓展铁路网络，因此，铁路机车产品需求很大。福伊特加码投资中国是正确选择。

9 月，空中客车与中国航空工业集团在北京签署了新的合作协议，进一步深化在空客单通道飞机制造方面的工业合作，再次巩固其与中国航空业的长期战略合作伙伴关系。双方将于天津市开展空客单通道飞机（A319/A320）机身系统的安装工作。首架在中国完成系统安装的空客单通道飞机（A319/A320）机身计划于 2021 年第二季度交付。而 2018 年，空中客车与中国航空工业的合作总值就已超过 9 亿美元。

ABB 由两个 100 多年历史的国际性企业——瑞典的阿西亚公司（ASEA）和布朗勃法瑞公司（BBC Brown Boveri）在 1988 年合并而成，是电力和自动化技术领域的领导厂商。2019 年 9 月，ABB 宣布其位于上海市的机器人新工厂和研发基地正式破土动工。该工厂预计将于 2021 年投入运营，总投资额达 1.5 亿美元。新工厂将采用包括机器学习、数字化和协作解决方案在内的先进制造工艺，致力于将其打造成一个使用机器人制造机器人的前沿中心。新工厂还将设立一个强大的研发中心，以帮助加快人工智能领域的创新发展。该研发中心将采用开放式创新模式。ABB 将与客户紧密合作，共同开发满足客户个性化定制需求的自动化解决方案。ABB 预计，到 2025 年，全球机器人销售额将从 800 亿美元增至 1300 亿美元。

10 月，投资 8.63 亿元的罗氏上海创新中心落成。全新的罗氏上海创新中心聚焦于研究与早期开发免疫、炎症及抗感染疾病领域的创新型药品，也是罗氏针对乙肝的研发中心。创新中心的落成将进一步促进"中国制造"迈向"中国创造"的升级，助力中国研发走向世界、服务全球，不断满足患者的未尽之需。该中心总面积达 2.6 万平方米，分为 220 处模块化工作区域，配备世界一流的研发基础设施和设备。

中国是全球最大的醋酸消费市场，醋酸产能约占全球 50%。BP（英国石油公司）长期以来根植中国市场，在中国拥有多处石化生产设施，其中包括两个醋酸合资工厂。2019 年 10 月，BP 与浙江石油化工有限公司正式签署合作谅解备忘录，将在华东地区以 50：50 的投资比例，携手建设并运营年产 100 万吨的醋酸工厂。这也将是 BP 在全球最大的醋酸生产设施。BP 中国董事长兼总裁杨筱萍表示：

"此次投资不仅再次彰显了BP集团长期深耕中国市场的信心,更是BP在华业务迈出的新步伐。BP将以卓越的技术与运营绩效,助力中国经济、环境与社会的可持续发展。"

接下来,我们要专门说说一个正全速兴起的领域——新能源汽车。毫无悬念,这是2019年外企在中国投资或寻求合作的热点中的热点。

正如国际能源署的观点——中国的电动汽车市场是全球最大的,市场大,机会自然多。长期来看,在"电动化、智能化、网联化、共享化"风潮下,中国新能源汽车市场将为国外企业创造更多机会。

2019年1月,BP风投宣布投资中国领先的电动汽车充电硬件和软件集成解决方案提供商电享科技。BP集团副首席执行官马凯骆表示:"中国是世界上最大的电动汽车市场,也是BP扩展高级移动出行服务的主要市场。"

3月,中国吉利控股集团和德国戴姆勒公司宣布,双方将成立合资公司,在全球范围内联合运营和推动smart品牌转型,致力于将smart打造成为全球领先的高端电动智能汽车品牌。合资公司总部设在中国,双方各持股50%。全新一代纯电动smart将由戴姆勒旗下梅赛德斯—奔驰的全球设计部门负责设计,吉利控股全球研发中心负责工程研发。新车型将在中国的全新工厂生产,预计2022年开始投放市场并销往全球。

奔驰在中国特别受到大众追捧，当然不能在新能源方面落后。奔驰母公司戴姆勒CEO康林松表示，奔驰的中国电池工厂将在2019年年底投产。奔驰中国电池工厂可以追溯到2017年7月，当时戴姆勒宣布与合作伙伴北京汽车股份有限公司合作在北京建设一座电池工厂，总投资为7.4亿美元。该工厂一方面生产电池，主要供应北汽新能源和北京奔驰车型，另一方面还将生产奔驰电动汽车。值得一提的是，近年来，戴姆勒与北汽之间的关系越来越密切。戴姆勒2018年入股了北汽新能源。2019年7月23日，北汽宣布通过其控股子公司购买了戴姆勒5%的股份，成为戴姆勒的第三大持股股东。不难看出，跨国公司在中国不仅只是为了庞大的市场，也在这里找到了他们需要的技术和合作伙伴，他们与中国的关系，正在不经意间发生改变。

7月，日本丰田汽车宣布与中国宁德时代新能源科技有限公司在纯电动汽车等新能源车电池相关的广泛领域开展业务合作。今后两家公司将融合各自积累的技术，构建合作体制，推进具体的合作举措。宁德时代是全球领先的动力电池系统供应商，是全球最大车载电池企业。而丰田作为电动车普及的先驱，在电动车开发、生产、销售领域具备丰富的技术和经验。这两者的结合可以说是强强联合！

11月再传重磅消息，大众汽车集团表示，2020年，该公司将与中国合作伙伴一道在中国投资约40亿欧元。该计划称，40亿欧元的投资中约 40% 将用于电动出行领域。大众汽车在中国的电气化战略正集中于佛山和上海的两家工厂生产全电动汽车。该公司表示,到 2020 年 10 月,两家工厂的总产能将达到每年 60 万辆电动汽车。该公司希望未来 6 年内在中国生产 30 种不同类型的电动汽车。

在中国"创新"

2019 年,在中国吸收外资实现逆势增长的总体态势中,有一个值得注意的亮点——那就是引资质量越来越高,高技术产业吸收外资增长了 25.6%,其中高技术服务业增长了 44.3%,科学研究和技术服务业增长了 68.4%。甚至越来越多的跨国公司把创新中心、技术中心等搬到了中国。

接下来,我们一起来盘点一下 2019 年启动在华创新策略的跨国公司。

2019 年 4 月,全球知名的管理咨询和信息技术公司——埃森哲宣布正式启动埃森哲深圳全球创新研发中心。该中心是埃森哲在中国设立的首座全球创新中心,汇集了埃森哲商业研究院、埃森哲技术研究院、埃森哲高科技风投和埃森哲数字工作室,将聚焦人工智能、机器人等领域的前沿应用研发,帮助企业创新商业模式和增长模式。

为什么选择深圳？埃森哲方面表示，深圳是粤港澳大湾区经济增长和创新活力的重要源泉，华为、腾讯等著名企业及诸多创业公司共同构成了深圳完整的技术生态体系。此外，深圳不乏优质的研究机构，政府对于创新也十分支持。对埃森哲而言，在深圳设立全球创新研发中心，不仅能够帮助埃森哲拓展中国的企业服务市场，也能够帮助埃森哲利用深圳乃至中国的创新资源，为全世界提供可借鉴的创新服务样本。

紧接着，埃森哲中国数字创新中心5月又在上海启动。与埃森哲深圳创新中心聚焦"人工智能"不同，这家创新中心聚焦于"工业X.0"，即埃森哲所定义的"工业数字化再造"。它主要为客户提供数字化工程、数字化制造、智能互联，以及数字化营销等领域的洞察和服务。

继一年前西门子工业软件全球研发中心在成都高新区落成之后，2019年5月，西门子智能制造成都创新中心也在同一地点启动。两大中心毗邻西门子全球工业4.0标杆工厂——西门子工业自动化产品成都生产研发基地，引入了大量西门子全球专家资源、软硬件研发平台、行业知识与业务实践，可以充分发挥创新研发与制造运营的协同效应。为何研发、创新两大中心落户成都？西门子数字工业软件全球高级副总裁兼大中华区董事总经理梁乃明说，"成都是中国西部最具潜力的城市之一，也是多种制造业中心。依托西门子在制造业的创新能力,借力当地政府对本地企业转型的大力支持,相信西门子未来会更加贴近客户需求并覆盖更多行业范围"。

博世是德国的工业企业之一,专门从事汽车与智能交通技术、工业技术、消费品和能源及建筑技术等产业。1886年,25岁的罗伯特·博世在斯图加特创办公司时,就将公司定位为"精密机械及电气工程的工厂"。2019年8月,博世宣布,博世汽车多媒体事业部未来驾舱(上海)技术中心于浦东张江正式落成启用。该中心专注于智能座舱领域内产品的研发,如信息娱乐车载电脑、驾乘人员监测系统、5G-V2X车载互联控制单元等。博世自1909年进入中国市场以来,一直致力于提升各业务领域的本土化水平。除了加强与中国本土企业的协同合作,博世还重点关注在中国市场的本土研发能力。博世汽车多媒体事业部全球总裁Steffen Berns博士表示:"从全球车市看中国,中国市场已经变成技术创新的试验田。尤其在智能互联领域,中国已成为这一领域的开拓者。"9月,博世汽车又与宁德时代新能源科技有限公司(CATL)达成长期战略合作协议,携手推出指定类别高性能电芯。宁德时代将根据博世要求,负责电芯的设计、开发和生产,并应用于博世48伏电池。此次携手宁德时代将推动博世进一步成为电动车市场领军者。目前,博世48伏电池已广泛应用于全球多家汽车制造商。12月,博世中国氢燃料电池中心在无锡奠基。博世积极布局车用燃料电池市场,该中心的奠基将为该技术在商用车和乘用车领域的应用铺平道路。作为博世集团首个在德国本土以外设立的燃料电池中心,将主要用于研发、试制氢燃料电池动力总成相关产品,具备从关键零部件到电堆乃至燃料电池系统全部测试设备。燃料电池系统具有重量较轻、续航里程长、燃料补充时间短,以及驾驶零排放的优势,对于需要长途驾驶的中型及重型商用车而言尤为适用。

只有创新,才能深耕细作,才能占有市场。

2019年9月,在苏州的亿滋全球研发中心,亿滋中国与天猫新品创新中心双方举办了"联合C2B创新工厂"揭牌典礼。亿滋从3月开始与天猫新品创新中心沟通合作意向。从合作模式到市场数据与趋势的互通,再到创新产品设计,双方都围绕着以消费者为核心的理念展开。自从2018年年底亿滋国际新战略实施以来,中国业务单元的表现格外抢眼。2019年上半年更是取得了两位数增长的好成绩,在市场营销和产品创新方面也引起广泛关注。

10月,康宝莱的全球首家产品创新中心选择落户有着"中国硅谷和药谷"之称的上海张江科学城。该创新中心旨在将营养科学领域最前沿的科技成果,快速转化为营养健康产品上市,同时强化本土创新研发能力。除了康宝莱,张江建立的大中小企业融通发展联盟模式和大企业创新资源库平台,也受到了诸如微软、强生、ABB、英特尔、默克等跨国公司的青睐。

跨国布局

波士顿科学公司 10 月与成都高新区签订了波士顿科学中国区"第二总部"及创新中心项目投资合作协议。该合作旨在依托四川省优质的医疗资源及良好的营商环境，结合波士顿科学在微创介入及专业教育方面的领先优势，提升本地医疗技术服务和疾病管理水平，让高质量的医疗解决方案深入西部基层，惠及全国乃至走向世界。未来，双方将通过在医疗健康领域的优势互补和精诚协作，运用 AI 技术及大数据管理，为慢性病患者提供全生命周期的健康管理。

SAP，为"System Applications and Products"的简称，是 SAP 公司的产品——企业管理解决方案的软件名称。SAP 公司成立于 1972 年，总部位于德国沃尔多夫市，在全球 130 个国家有分部。12 月，SAP 宣布与江苏省南京市江北新区管理委员会合作成立 SAP 江苏创新赋能中心。赋能中心将下设数字创新、数字企业和数字交易三大平台，通过 SAP 先进技术助力区域中小企业大幅提升数字核心竞争力，着力帮助江北新区打造千亿级的集成电路产业集群，助推先进生命科学技术科研和转化应用。同时，SAP 还将助力江北新区打造人力资源数字化转型，建立面向就业的高校赋能机制，科学规划产业人才布局，巩固区域经济基础。

越来越多的跨国公司选择在中国设立研发或创新中心，除了显示出对中国创新环境的信赖，还彰显了对中国人才资源和投资环境的坚定信心。同时，外资研发中心所带来的新理念和先进技术，有利于中国企业借鉴，对中国自主创新能力的提升有着很强的助推作用。

深耕中国的多种方式

2019年，外资在华呈现一个突出特点，就是"新"。据统计，新产业、新业态、新商业模式等"三新"活动外资增长了11.4%，有力地助推了中国经济新旧动能转换。同时，这些远道而来的跨国公司正在不断开拓新的方式深耕中国。

伴随着中国金融市场开放的步伐，这一年，是国际金融企业在华锐意创新的一年。

在2019年1月17日举办的"中国债券市场国际论坛"上，彭博与中国外汇交易中心暨全国银行间同业拆借中心（CFETS）联合宣布，彭博与旗下全球分支机构开始向合格投资者提供接入中国银行间债券市场的渠道。全球投资者现在可以通过彭博终端交易中国银行间债券。彭博是全球首家与CFETS直接联结，并同时提供代理模式与债券通模式两种接入渠道的全球性交易平台。而上述两种模式是目前境外投资者使用最多的进入中国银行间债券市场的模式。彭博有限合伙企业副董事长玛丽·夏皮罗表示："凭借这两个新的渠道，我们预计会有更多投资者在规模高达12万亿美元的中国债券市场寻求高收益率、流动性和投资回报。而随着中国持续深化金融改革，中国债券市场已成为投资者不可忽视的机遇。"

3月，英国老牌银行巴克莱银行与支付宝达成协议，宣布旗下卡类交易分公司 Barclaycard 将帮助其覆盖的超过11万的英国商家接入支付宝。巴克莱银行在本国服务的商户数位居同业之首，而旗下的 Barclaycard 承担了全英近50%的信用卡和借记卡交易业务。接入支付宝的外国商家，将吸引更多中国游客。在方便游客的同时获得商机，这确实是一个"双赢"的合作。

6月20日，全球金融服务机构摩根大通宣布上线中国（上海）国际贸易单一窗口购付汇业务，推出摩根大通全数字化跨境支付解决方案，成为首家提供全数字化和自动化货物贸易跨境支付解决方案的在华外资银行。按照规定，中国进口商在向海外供应商支付货款前需向银行提交单证，这一环节通常既耗时又耗力。摩根大通这一方案彻底解决了目前货物贸易跨境支付中单证处理及流转环节引发的各类问题和痛点，大大提高了企业开展跨境贸易的效率。紧接着，摩根大通9月4日宣布，高流动性中国政府债券将于2020年2月28日起被纳入摩根大通全球新兴市场政府债券指数系列（简称GBI-EM）。摩根大通中国区首席执行官梁治文指出："高流动性中国政府债券被纳入摩根大通旗舰指数标志着中国资本市场对外开放又一个具有重要意义的里程碑，也为更多国际投资者进入中国市场提供了全新途径。"

7月,星展银行(中国)有限公司宣布推出"星展e链通"线上服务平台,无须实体开户,为中小企业客户提供快速、高效、便捷的线上认证及供应链融资服务。星展银行(中国)有限公司首席执行官葛甘牛表示:"通过多年的数字化改造,星展带领业界以数字科技重塑银行业未来。在中国首推的'星展e链通'将我们在海外的数字能力带到中国。"

据悉期货、基金和证券三类公司的外资股比限制将在2020年取消。2019年10月,花旗集团、法国兴业银行纷纷放出消息,酝酿在华成立全资券商。而自中国2018年放宽单个境外投资者持有上市公司股份的比例限制,允许外资控股合资券商之后,瑞银、野村和摩根大通都已经获得了在华证券合资企业的控股权。高盛、摩根士丹利和星展集团也在申请当中。

11月14日,德国安联集团宣布,中国银行保险监督管理委员会已批准安联(中国)保险控股有限公司开业,成为在首家中国批准开业的外资独资保险控股公司。这是在2018年11月25日,德国安联保险集团筹建安联(中国)保险控股有限公司获得银保监会批准后,中国保险行业对外开放的重磅政策正式落地。

美国先锋领航集团和蚂蚁金融服务集团于2019年12月14日宣布建立合作关系。结合支付宝的技术和先锋领航集团在资产管理和投资顾问服务方面的专长,经中国证监会批准,两家公司的合资公司将为中国个人投资者提供基金投顾业务服务。该合资公司将根据投资者的投资目标、投资期限及风险偏好，通过支付宝上综合财富管理平台蚂蚁财富，为投资者提供定制化服务，用户最低投资金额为 800 元人民币。

可见 2019 年，是传统产业数字化突飞猛进的一年，谁不改变谁将被淘汰。这是一个全球化的时代，没有谁可以独善其身，于是，全球顶级的企业都在展开合作，尤其是希望与市场潜力极大的中国企业合作。

2019 年年初，德国默克集团与腾讯签署了战略合作协议，双方将充分利用默克在医疗方面的专业优势和腾讯在互联网及人工智能领域的前沿技术，在中国创建智能数字医疗服务。作为全世界历史最悠久的化工制药公司，默克拥有丰富的医疗服务经验和先进的技术。此前，默克已经将中国市场作为其最重要的市场之一来发展，这次在数字医疗领域强强联合，也是默克的中国战略不可或缺的一部分。

3 月，西门子股份公司与中国国家发展和改革委员会"一带一路"建设促进中心在北京签署谅解备忘录，双方将围绕共建"一带一路"组织开展务实合作。根据合作备忘录，国家发展改革委"一带一路"建设促进中心与西门子将共同促进中德两国产业界围绕共建"一带一路"开展对话与合作，特别是在能源、交通、制造业与数字化等领域。

7 月，微软（中国）有限公司和南京经济技术开发区管理委员会签署战略合作备忘录，宣布在科技创新人才培养、创新生态建设，以及企业赋能等领域开展战略合作计划。根据战略合作备忘录，双方将利用微软在人工智能、云计算及大数据等先进技术领域的独特优势，与南京经济技术开发区的产业优势科教资源相结合，推动人工智能创业创新企业集聚与赋能，构建具有全国影响力的人工智能产业生态。

欧莱雅宣布携手腾讯微信，上线微信小程序端首个动态虚拟试妆应用。该应用采用欧莱雅集团的增强现实和人工智能ModiFace公司的最新技术，率先在旗下阿玛尼美妆品牌的微信官方商城小程序落地，旨在给予消费者更具个性化、社交化的消费新体验。

智能时代，物质像长了腿似的，必然会带来物流业的飞速发展。2019年7月，法国施耐德电气完成了对其上海物流中心的数字化改造，将其打造成全球第二家智能物流中心的范例。该物流中心通过智能化升级，全面提升了工业领域端到端的效率，同时，通过端到端供应链可视化管理，帮助客户显著降低风险，提高可靠性。

10月，空中客车公司与阿里巴巴集团旗下数据智能平台阿里云正式签署合作协议，双方将共同打造"智慧天空"航空大数据平台在中国的数据中心。"智慧天空"是空中客车的开放数据集成平台，可推动整个航空业价值链的数字化协作。"智慧天空"能够帮助航空公司更好地优化内部运营流程，节约成本并提升安全水平。通过与阿里云联合打造本地数据中心，"智慧天空"将为中国国内航空公司提供量身定制的服务，并为其提供加入该平台所需的数据合规性功能和工具。

"花样"亲近中国消费者

如果问一下外企，中国市场的魅力来自哪里？"中国消费者"一定是一个绕不开的关键词。为了亲近中国消费者，诸多外企想出了各种花式办法。

中国奢侈品市场销售额连续两年20%的高速增长，让中国市场成了各大奢侈品牌的必争之地。中国经济近年来的快速发展使得更多消费者有能力购买奢侈品，扭转了2000年之后世界奢侈品市场发展动力不足的趋势，并且发展势头只增不减。这也让包括历峰集团和欧莱雅在内的多家奢侈品公司更加依赖中国市场。

法国化妆品公司欧莱雅的财报显示，2018年其销售额为269亿欧元，同比增长7.1%，是自2007年以来的最高年度销售增幅。其中，奢侈品部门和活性化妆品部门的业绩均实现两位数增长。

欧莱雅集团将所取得的这一系列亮眼成绩归功于中国市场对高端品牌的持续强劲需求。首席执行官让·保罗·阿贡称，中国对奢侈品的持续需求增长了24.1%，因为中国区的缘故，欧莱雅在亚太市场收入首次超过北美市场，销售额达74亿欧元。

同样是奢侈品企业,瑞士历峰集团2019年5月公布的年报显示,其集团销售额同比增长27%至139.9亿欧元。

历峰集团是瑞士的奢侈品公司,旗下有多家知名的钟表、珠宝、时装品牌,比如,卡地亚、万宝龙、伯爵等。过去一个财年,历峰集团销售额在中国市场增长强劲,实现了双位数的增长,特别是珠宝方面表现抢眼,其卡地亚珠宝品牌在中国地区的销售额获得了15%的高速增长。

中国市场这块蛋糕如此之大,全世界众多企业都在思考,如何抢这块蛋糕?

优化服务是其中至关重要的一招。

例如,在苏格兰高地,酒店老板被要求学习普通话,并提供筷子,以充分服务越来越多的中国游客。

苏格兰高地在中国迅速壮大的中产阶级和富豪中越来越受欢迎,高地和岛屿企业发展署正在组织面向中国的研讨会,帮助餐馆和企业满足中国游客的需求。

苏格兰高地、群岛和默里华人会主席莫妮卡·李-麦克弗森说,民宿老板应该在客房内提供方便面和一次性筷子,并敦促餐馆制作图片菜单。她强调,如果苏格兰的商家想要把握好中国游客度假中的商机,就要适应这种情况。

2019年春节前夕,亿滋与中国著名时尚摄影师及视觉艺术家陈漫,为中国消费者特别打造出两款源自法国的露怡时尚经典复刻限量版礼盒。该礼盒设计运用现代艺术手法，并结合中国传统文化元素，复刻出露怡超过170年历史的两款百年经典海报。选择法国式的花园结构为背景，在人物配饰上使用了如流苏耳坠等中式元素与中国新年相呼应。

作为扎根中国市场多年的国际零食企业，亿滋深知春节是中国消费者的重要消费场景之一，格外重视春节期间的产品开发和市场营销策划，每年都会不断推出新颖的春节定制产品，以更贴近消费者的心理。设计感十足的传统喜庆图案礼盒中搭配新年定制饼干，让吃饼干变得有年味。其中10种限量定制饼干包含了新年祝福语、新年传统图案、新年热门词汇。

了解中国，才能扩展中国市场，才能扎根中国。近年来，越来越多的外企加入研究中国的行列，他们看到中国庞大的市场价值。而"讲好中国故事"正是我们外推的一项重要文化倡导，因此不管是中国政府还是企业，在与外企合作的同时，都在通过推广我们的品牌价值，来助推"讲好中国故事"。

第二章

提升核心竞争力
实现资产优化

跨国公司通过国际直接投资，依其价值链增值的方向进行全球区位的选择，以构成一体化的国际生产体系，极大地促进了资本、人力和技术等生产要素在全球范围内的合理配置和流动，对全球经济的发展起到了巨大的促进作用。而跨国公司在此过程中的合并、分立、融资、合作等，无不透露着全球经济发展态势的端倪。

整合资源，合有合的道理

从公司制度诞生之日起，企业并购就应运而生。并购一直是很多企业顺势扩张、提升核心竞争力、整合资源的有效方式。跨国公司更是深谙此道。我们通过典型案例来盘点一下 2019 年跨国公司合并或提出合并动议的各种原因。

原因一：单打独斗没有未来

2019 年 1 月 15 日，在北美国际汽车展上，福特汽车公司和大众汽车集团正式"官宣"，双方将组建一个业务范围广泛的战略联盟，联合生产皮卡和厢式货车，并探索在电动汽车和自动驾驶领域的合作。按计划，两家公司最早将在 2022 年共同推出为全球市场开发的两种车型，分别为商用车车型和中型皮卡车型。

正所谓"单打独斗没有未来"，福特与大众的此番合作反映了当下全球汽车市场竞争激烈的现状。如今车企之间"抱团取暖"的动作正进一步加快，以拓展业务能力，提升市场竞争力，更好地应对电动化、智能化、共享化等新技术革命。

原因二：没有永远的敌人，只有永远的利益

也是在1月，三星宣布将与苹果合作，在三星智能电视上搭载苹果产品。这对"老冤家"突然握手言和，一时间引发了全球科技行业的热议。俗话说得好，没有永远的敌人，只有永远的利益。一直以来，苹果以"封闭"闻名，此前和三星的关系更是针锋相对，专利纠纷官司就打了六七年，此次能不计前嫌合作，表明了苹果想要力求开放的态度。在与三星合作前，苹果就向亚马逊音箱开放了苹果音乐。未来，苹果还可能与其他电子市场商合作，增强影响。

原因三：强强联手，整合出击

2019年2月，宝马集团和戴姆勒股份公司整合双方出行服务，拟打造一个全新的、国际性的行业参与者，为客户提供可持续的城市出行方案。双方将共同投资超过10亿欧元，用于开发和整合汽车分时租赁、网约车、泊车、充电和多模式交通方案业务。双方将合作成立5家合资企业。

两家公司的出行服务拥有丰富的行业经验和广泛的客户群体，迄今为止已有超过6000万活跃客户。这样的合作可以说是强强联手，整合出击。通过联合提供出行服务，宝马集团与戴姆勒有限公司正在聚焦城市，满足当下和未来的出行需求。其中，数字化作为关键技术为个人出行提供更多发展机会。

原因四：对等合并后从零开始

2019年12月，Truist这家全新的银行正式开始交易。它由美国大型区域性银行SunTrust和BB&T联姻而产生，价值280亿美元，成为美国最大的银行之一。同时，这也意味着这两家老牌银行在历经275年的历史后正慢慢被淘汰。

这是自2004年以来美国规模最大的银行业合并交易，交易以对等合并的形式提出，迫使两家银行从零开始。

原因五："收购狂魔"为焦点技术而来

2019年6月，全球领先的客户关系管理（CRM）软件服务提供商Salesforce同意斥资157亿美元收购全球最大分析平台Tableau。此次的收购案可谓是真正的强强联手，这笔交易也将帮助前者推动数字变革，增加其与微软争夺更大市场份额的能力。一直以来，Salesforce的持续增长都令人震惊，从2015年开始，它每季度的收入增长都保持在25%左右。它的收购战略也非常清晰，通过一系列的收购，不断加强其基于云和AI的技术底座，强化它在数据领域的能力。

无独有偶，谷歌于6月6日刚以26亿美元收购数据分析公司Looker。可见，如今数据分析业务正迅速成为新的战场，数据分析公司正成为大企业争夺的焦点。

据美国有线新闻网消息，麦当劳宣布收购人工智能初创企业以色列公司 Dynamic Yield。该公司利用人工智能为消费者提供个性化体验，据《华尔街日报》报道，此次收购价值超过 3 亿美元。麦当劳表示，它将利用这家初创公司的技术，根据天气、餐厅的繁忙程度和时间段，为"得来速"餐厅的顾客量身定制菜单，它还会根据客户的订单记录迅速推荐额外产品。麦当劳首席执行官史蒂夫·伊斯特布鲁克在一份声明中表示，Dynamic Yield 将增强麦当劳"在未来提高技术和数据作用的能力"。

原因六：合并的实质是技术结盟

2019 年 3 月，西屋制动公司宣布其完成了与通用电气（GE）运输的合并。西屋制动已经被告知公司将被纳入标普 500 指数。

此次合并将西屋制动广泛的铁路货运、铁路客运和电子产品与 GE 运输在机车、采矿、船舶、固定式电力和钻井等行业一流的设备、服务和数字化解决方案结合起来，使得西屋制动成为一家财富 500 强公司，全球运输和物流领域的领导者。合并后的公司预计 2019 年收入将超过 80 亿美元，其增长情况令人信服，尤其是随着公司所服务行业市场条件的改善，市场前景会更加向好。

泰雷兹（Thales）是一家法国品牌，成立于 1968 年，原主要业务大多与军事有关。近些年来，它的业务不断拓宽，民用业务不断增长，现在已经发展成以设计、开发与生产航空、防御和信息技术服务产品著称的专业电子高科技公司。2019年，泰雷兹完成了对数字安全领域的全球领先企业金雅拓的收购。此次收购使泰雷兹的营收增加到190亿欧元，自筹研发资金增加到每年10亿欧元，员工人数增加到8万名，遍布68个国家。泰雷兹收购金雅拓让其拥有涵盖数字世界整个关键决策链的能力，从传感器数据生成到实时决策支持，成为全球数字身份安全领域的领导者，完成收购后的泰雷兹将掌握为企业、机构和政府的关键决策链提供支持的所有技术。

泰雷兹在吸纳了金雅拓的人才和技术后将为包括关键基础设施提供商在内的客户提供无缝措施，开发安全解决方案以应对社会所面临的主要挑战，如无人机空中交通管理、数据和网络安全、机场安全及金融交易安全。

6月，泰雷兹又宣布收购人工智能公司Psibernetix以帮助创建可认证的人工智能。在计算效率高的人工智能技术领域，Psibernetix是行业先行者。

对泰雷兹而言，此次收购将为安全至上环境中的应用程序建立可解释的人工智能流程。通过可解释的人工智能驱动结果，人工智能应用程序可以被认证和信任。而这些将进一步促进人工智能的能力在泰雷兹所有业务市场上被广泛采用。

原因七:紧随行业格局重塑的收购

6月,德国半导体公司英飞凌表示,将以约90亿欧元成本收购美国赛普拉斯半导体公司。有分析称,此交易或将使英飞凌成为全球第八大芯片制造商。

赛普拉斯与英飞凌的业务与能力存在一定互补。英飞凌表示,此项收购将增强本公司在电动马达、电池供电装置和电源供应器等高增长应用领域的业务能力,有利于其进一步在汽车、工业和物联网等高速增长的市场拓展。

这是继3月英伟达宣布以69亿美元收购以色列芯片厂商Mellanox、5月恩智浦宣布以17.6亿美元收购Marvell的Wi-Fi和蓝牙芯片组合业务之后,全球半导体行业又一笔大单,表明行业格局重塑仍在继续。

原因八:看准了,收购初创企业也是不错的选择

7月,荷兰科技集团飞利浦宣布收购了波士顿一家名为Medumo的小型健康科技初创企业,这将为飞利浦不断扩大的诊断数字服务组合带来先进的诊断患者管理产品。

Medumo使用电子邮件和短信相结合的方式,代表其医院客户向患者传达指示。这家员工不到30人的公司顺应"患者参与"趋势,为医疗服务提供者提供相应的工具,让他们不出医院也能与病

人保持联系。对飞利浦来说，此次收购将有助于为其现有医疗系统客户提供服务。

原因九：竞争态势下合并发力

12月，美国传媒业公司哥伦比亚广播公司与维亚康姆公司在"分手"14年后完成合并，重归一家。合并后的公司命名为维亚康姆—哥伦比亚广播公司，年营收预计达280亿美元。合并后，维亚康姆—哥伦比亚广播公司将成为拥有超过14万部电视剧和3600部电影版权的内容产业巨头，拥有《海绵宝宝》《星际迷航》《南方公园》等知名IP。

当前全球内容产业竞争如火如荼，传媒巨头迪士尼、奈飞等正搅动市场竞争风云。每一部新剧和经典形象在全球的大火背后都有一批资本力量、传媒巨头的推波助澜。有市场分析称，按照营收280亿美元、市值达200亿美元的预估，维亚康姆—哥伦比亚广播公司的出现可称作内容产业新兴的又一巨头。

另一个引人关注的传媒收购案是《体育画报》收购案，收购者看中的是《体育画报》的品牌价值。

梅雷迪思公司于2019年5月宣布将《体育画报》出售。据美国有线新闻网报道，其品牌和知识产权以1.1亿美元的价格出售给营销公司Authentic Brands集团，交易表明《体育画报》的品牌价值远高于这家传奇杂志。

旗下拥有玛丽莲·梦露和猫王等名人品牌的 Authentic Brands 集团将负责《体育画报》知识产权的营销、业务开发和授权。据悉，潜在的新商业机会包括活动、会议、博彩和游戏产品，以及视频和电视。

梅雷迪思表示，将保持《体育画报》的编辑独立性，该公司向 Authentic Brands 集团支付了一笔未公开的费用，用于出版《体育画报》杂志和网站。

原因十：高度互补型合并

医药领域一直是企业合并的热门领域。7月，两家全球大药企辉瑞和迈兰宣布达成协议，将迈兰与辉瑞的非专利品牌和仿制药部门普强进行合并，创建一家新的全球制药公司。该交易预计将在2020年年中完成，但须经过迈兰股东同意，并获得监管部门的批准。双方称，新公司将汇聚两家高度互补的业务，在超过165个市场中进行拓展。迈兰有多样化的产品组合、高质量的制造工艺和卓越的供应链。而辉瑞的立普妥、西乐葆和伟哥等产品都销量巨大。此外，辉瑞在中国和其他新兴市场国家中处于领先的地位，能够帮助迈兰进入增长强劲的新兴市场，这也正是迈兰所看重的重要因素。

按照2018年的数据统计，辉瑞的年营收为534.3亿美元，位居全球药企第一，而迈兰的年营收为112.6亿美元，在全球仿制药公司中也位居第一。新公司预计年销售额将超过 200 亿美元，成为全球最大的仿制药公司。

也有对业务贸易板块进行出售的，比如，罗尔斯—罗伊斯完成出售商务船舶业务。

早在 2018 年 7 月 6 日，罗尔斯—罗伊斯确认已完成向挪威康士伯集团出售商务船舶业务板块的交易，并获得相关监管当局的许可。正如 2018 年 1 月 17 日的声明中所说，前船舶业务中的海军舰艇用燃气涡轮和位于美国的推进器业务已被整合到防务板块中。

根据 2018 年财报，商务船舶的基础收入和基础亏损分别为 7.26 亿英镑和 3500 万英镑，扣除交易成本等调整后，此次交易净收益为 3.5 亿～ 4 亿英镑。

凭借罗尔斯—罗伊斯动力系统旗下的 Bergen 发动机业务运营，罗尔斯—罗伊斯依然是商务船舶和发电等多种市场应用柴油和燃气中速发动机的重要开发商和制造商。

通过相关交易安排，康士伯可继续使用 Bergen 发动机产品，而罗尔斯—罗伊斯将通过旗下动力系统继续为商务船舶市场提供 MTU 品牌高速发动机。

原因十一：健康趋势下巨头诞生

12 月，杜邦公司拟通过将其营养与生物科学业务同国际香精香料公司合并，打造一个市值 454 亿美元的新的消费品巨头。

这一交易对杜邦旗下营养与生物科学业务估值为 262 亿美元。杜邦股东将保留新实体的多数股权，这一新实体的年营收预计将超过 110 亿美元。

两家公司在一份联合声明中说，预计在完成交易后的 3 年内将节省约 3 亿美元，并预计新公司将在大豆蛋白、酶和益生菌等领域占据领先地位。消费者越来越倾向于更健康、更天然的口味，两家公司表示，这一趋势是他们决定合并的一个重要因素。

分拆、上市，分有分的理由

公司分立的原因存在多种，常见的是公司为了实现专业化将非主营业务分立出去，也有公司为了剥离某部分资产，实现分立前公司优质资产效应，进而将特定的资产剥离到新的公司。无论出于何种目的，公司分立已成为公司重组中不可或缺的一种重要方式。我们就来说说 2019 年公司分立重组中的各种事。

分拆、上市，实现资产优化，这是很常见的套路。

2019 年 3 月，南非最大市值媒体集团纳斯帕斯宣布，计划分拆其互联网业务于荷兰阿姆斯特丹上市，当中包括持有的腾讯等科技公司的股份。

纳斯帕斯将发行新公司 25% 的股份，并表示新公司将成为"欧洲最大的上市消费互联网公司"。新公司还包括纳斯帕斯在印度电商初创企业 Swiggy、俄罗斯互联网企业 Mail.ru 和德国外卖公司 Delivery Hero 的股份。

纳斯帕斯首席执行官 Bob van Dijk 在一份声明中表示,"此次上市将为国际科技投资者提供一个极具吸引力的新机会,使他们能够接触到我们独特的国际互联网资产组合"。

6月,科迪华农业科技宣布成功完成从陶氏杜邦公司拆分,独立上市成为一家专注于农业科技的全球领先公司。新公司将全力为全球农户打造提升产量和盈利的完整解决方案。

依托持续扩充的数字化实力和业界最为丰富的创新产品管线,科迪华农业科技业务的启动,将遍及全球、覆盖千亿美元的种子和作物保护市场。

企业陷入困境怎么办?探索重组吧!

2019年6月,美国快时尚巨头 Forever 21 由于业务陷入困境,探索重组方案,以提振其流动性。公司与私募股权公司阿波罗全球管理公司就筹集债务人持有的资金进行谈判,以便在该公司申请破产时提供融资。

零售业指标公司称,Forever 21 上一次出现如此糟糕业绩是在 2008 年第一季度,当时该公司利润下降了 40%。Forever 21 在美国和全球拥有超过 815 家门店。

德国当地时间 2019 年 7 月 8 日,德意志银行宣布,将进行全面重组，具体举措包括完全退出股票销售和交易业务，并在 2022 年之前裁员 1.8 万人。截至 2019 年 3 月，该行在全球范围拥有 9.15 万名员工，其中在德国有 4.15 万名员工。

德银首席执行官克里斯蒂安·泽温称，这是德意志银行几十年来最根本的转型，等同于一次彻底重建。重组计划是为了解决德银长期以来的高运营成本问题。德银计划通过重组削减其年度总成本的 1/4。

泽温认为，此前德银几乎同时在银行市场的每个领域竞争，把战线拉得太长，需要通过改革把力量集中在几个最具竞争力的地方。

德意志银行曾是欧洲资产规模最大的银行。但是自 2007 年达到股价峰值以来，其股价已经下跌了 95%，在 6 月跌至创纪录的低点。但是，市场对于此次重组计划还存在着争议，重组消息传出后，德意志银行股价先是大涨近 4%，而后大跌近 7 个百分点。

把资产卖给对的人，也是一种优化。全球领先的另类资产公司 TPG 在 2019 年 7 月 30 日宣布，将向新风天域公司出售其所持有的和睦家医疗股权，旨在打造中国最大的上市综合医疗服务公司。此次交易估值约为 13 亿美元。

但资产出售并不总是一帆风顺的。

2019 年 8 月，卡夫亨氏就在买家收购意欲不温不火情况下暂停出售旗下 Breakstone's 和 Plasmon 品牌。而买家的态度归因于对重振该品牌所需的投资持谨慎态度。当然，暂停资产剥离给该公司带来了更大的压力，公司必须应对销售停滞、利润下滑等问题。

相比卡夫亨氏，汤博乐6年内第三次易主也是不容易的。同月，美国移动运营商威瑞森电信同意将轻博客平台汤博乐出售给WordPress的母公司Automattic。收购金额暂未披露。此举将使Automattic成为6年内第三家拥有汤博乐的公司。而2013年，雅虎以11亿美元收购汤博乐，成为前首席执行官玛丽莎·梅耶尔任期内规模最大的一笔收购。

2017年，连同汤博乐在内，雅虎被威瑞森电信正式收购。但2019年，威瑞森电信重新考虑在内容和数字广告方面的投资，并已从其媒体业务部门裁员。

威瑞森传媒公司首席执行官古鲁·戈拉潘在一份声明中表示，出售汤博乐的交易是"经过深思熟虑的、全面的、战略性的"。

为了推进新业务模式，西尔斯也挖空心思，探索出售其潜在资产。2019年10月，西尔斯的所有者探索出售包括高档汽车动力电池品牌DieHard在内的潜在资产。为此，西尔斯的母公司Transform Holdco聘请投资银行家为潜在的资产出售提供建议。

西尔斯专注于更小的商店模式，并推出一个新的标志，努力为业务带来新的活力。西尔斯最近从包括对冲基金大亨兰伯特在内的贷款人处借款1.5亿美元，出售资产也会为它提供更多现金。

接下来要说的"分"并不是真正意义上的公司分立，而是合作难成的"分"。案例很典型,具有参考价值,也在此列出。

德国工业巨头西门子与法国交通运输巨头阿尔斯通欲合并交通业务以联合抗衡中国中车的计划,因遭到欧盟委员会否决已经流产。欧盟委员会2019年2月发布声明称,两者合并有损铁路信号系统和超高速列车市场的竞争,且当事各方未提供足以解决委员会上述担忧的补救措施。

有评论认为,西门子和阿尔斯通都是铁路行业的领军企业,若没有足够的补救措施,此次合并将导致信号系统和下一代超高速列车的价格上涨。过去几年,庞巴迪、西门子和阿尔斯通这三个主要竞争对手一直在寻求合作,一方面是为了控制成本,另一方面则是希望借助整合更好地应对来自中国竞争对手的挑战。

还有一个例子值得研究。欧盟并没有因为可以增强与中国中车的竞争能力,而对本次合并网开一面。这也让我们看到,欧洲竞争法律并不支持所谓的欧洲冠军企业。相反,欧洲需要一连贯的计划,以培育在全球竞争环境下能够蓬勃发展,而无须诉诸保护主义的关键欧洲产业。

2019年5月,有媒体报道,管理咨询巨头麦肯锡公司将停止为普渡制药公司工作。这家备受争议的制药公司生产处方止痛药奥施康定。"阿片类药物滥用和成瘾正在对我们的社区造成悲剧性和毁灭性的影响。我们不再就任何阿片类药物的特定业务向客户提供咨询,我们将继续支持利益攸关方抗击这样的危机。"麦肯锡一位发言人证实。

当然，公司变革不单单体现在收购和外部合作上，公司领导架构变革也是其中一项，比如，蒂森克虏伯公布未来领导架构。

蒂森克虏伯集团公布拆分后两家公司（蒂森克虏伯工业公司和蒂森克虏伯材料公司）的领导架构，迈出其拆分进程中的重要一步，由此，未来两家公司的组织架构框架也基本成形。

两家冠以"蒂森克虏伯"名字的公司，将以更快的项目执行和推进创新为目标，以期实现更高效的运作和市场决策。此外，两家公司将更贴近客户，更好地应对市场变化。为此，两家公司将赋予其业务尽可能多的决策权；同时，鼓励跨业务领域的强强联合，这一点对于蒂森克虏伯工业公司尤其如此。

在未来的两家公司中，董事会席位各减至3个，集团层面的职能部门被合并。现有的矩阵管理结构也被取代，各区域的相关事务由运营单元或集团职能部门负责，共享服务部门将根据业务需要重新调整，以提供更有针对性的服务。

寻"资"问道

由于跨国公司的触觉可遍及全球，其融资优势也比较大，可通过成熟的金融市场或实力雄厚的资方进行直接融资，也可以通过银行或非银行金融机构进行间接融资。而结构合理、成本合适的融资

跨国布局

会成为跨国公司发展的核心实力之一。

2019年,有几件IPO大事值得关注。

百威英博是全球五大消费品公司之一。2019年5月,百威亚太向港交所递交招股申请。7月,百威亚太宣布在港交所IPO,拟最多募集764.47亿港币,有望成为2019年全球最大规模的IPO。但是这项计划随后突然被百威叫停。9月,**百威英博旗下亚太子公司百威亚太控股有限公司恢复在香港交易所的上市申请**。从叫停到恢复,百威的在港上市过程可谓是备受关注、一波三折。

不同的是,此前被打包在内的澳洲区域业务在9月百威赴港IPO中已被剥离,原因在于该区域业务已作价113亿美元出售给日本朝日集团。目前,百威英博的亚洲业务将更侧重于中国等增长更为迅速的市场。

2019年12月,沙特阿拉伯国有石油公司沙特阿美公告披露,沙特阿美的股票定于12月11日在沙特Tadawul证券交易所挂牌交易,沙特阿美发行价为32里亚尔/股(折合8.53美元/股),融资额约256亿美元。这意味着沙特阿美成为全球史上规模最大的IPO。沙特阿美的市值也将达到1.7万亿美元,成为全球市值最高的上市公司。

沙特阿美被认为是世界上最有价值的公司之一,2018年创造出1110亿美元的净收入,是苹果的近2倍,也是世界五大石油公司——埃克森美孚、荷兰皇家壳牌、英国石油公司、道达尔和雪佛龙的总和。

不过，沙特阿美的上市并非一帆风顺，主导此事的沙特阿拉伯王储萨勒曼曾预期沙特阿美的估值能超过 2 万亿美元，但因国际油价大幅波动，国际投资者反响冷淡，令沙特阿美的 IPO 数度推迟。此外，9 月，两座石油设施遭到无人机袭击，致使沙特阿美石油产量减少一半，也引发投资者不安，但中国市场对其还是有不少吸引力。

与前两件 IPO 大事不同，接下来要说的是跌落 IPO 神坛的一家公司。

2019 年 9 月，WeWork 母公司 We Company 宣布撤回 IPO 申请，推迟上市计划。曾经的美国明星企业 WeWork 首次公开募股就惨遭"滑铁卢"，成为 2019 年资本市场的黑天鹅。10 月，日本软银集团决定投资超 100 亿美元来接管被称为美国共享办公运营模式鼻祖的 WeWork，并通过股份回购方式让 WeWork 创始人亚当·诺依曼放弃对公司的控制。

WeWork 是做什么的？这家创办于 2010 年的新经济公司，主要业务是租赁写字楼进行翻新，然后将其分开转租给个人或者初创公司。截至 2019 年，WeWork 共获超过 80 亿美元的融资额。2019 年 1 月，软银集团以 20 亿美元再次投资 WeWork，使得这家公司估值达 470 亿美元，成为美国第二大独角兽公司。WeWork 已在全球 28 个国家、105 个城市布局 485 个空间。全球范围内大企业入住率达到 40%。2016—2019 年，WeWork 也在中国积极布局，拓展深化本土合作伙伴关系。

但就是这样一家独角兽公司，其亏损也随着它的扩张而不断扩大。据公开财务数据，WeWork 在 2018 年亏损 19 亿美元。随着创始团队大清洗，软银集团夺取控制权，WeWork 的估值跌至 80 亿美元。新型商业模式的开创与企业盈利能力如何匹配？为抢占市场不计成本地扩张，能否获得市场盈利的可持续性？WeWork 的案例或许值得好好思考一番。

接着独角兽话题说下去。

2019 年 1 月，德国金融科技公司 N26 表示，在一轮融资中，它已从投资者那里筹集到 3 亿美元，使得这家数字银行获得 27 亿美元估值。

N26 最新的融资活动由美国私募股权公司 Insight Venture Partners 牵头，新加坡主权财富基金 GIC 提供额外支持。它的其他支持者包括中国科技巨头腾讯、德国保险公司安联和贝宝联合创始人彼得·泰尔的 Valar 风险投资公司。

这不仅使 N26 跻身欧洲独角兽或价值超过 10 亿美元的私营初创企业行列，也使它成为欧洲最有价值的独角兽之一。

印度酒店初创公司 OYO 是 2019 年的网红独角兽。10 月，OYO 从公司创始人李泰熙、软银集团和其他投资者手中融资 15 亿美元，公司估值达到约 100 亿美元。OYO 由李泰熙于 2013 年创立，当前，OYO 的服务已覆盖 80 多个国家和地区的 120 万间客房，其中包括中国的 59 万间。100 亿美元的估值使 OYO 成为印度估值第二高的初创公司，仅次于数字支付公司 Paytm 母公司 One97 Communications。

美国太空探索技术公司是一家由 PayPal 早期投资人埃隆·马斯克 2002 年 6 月建立的美国太空运输公司。它开发了可部分重复使用的"猎鹰 1 号"和"猎鹰 9 号"运载火箭。SpaceX 同时开发 Dragon 系列的航天器以通过猎鹰 9 号发射到轨道。2019 年对 SpaceX 来说是融资年。6 月，SpaceX 又开始了本年的新一轮融资。文件显示，SpaceX 提交的最新一轮融资计划寻求以每股 214 美元的价格融资 3.142 亿美元。一旦完成本轮融资，SpaceX2019 年的总融资将达到 13.3 亿美元。知情人士当年 5 月曾表示，在最新一轮融资之前，SpaceX 的估值已升至 333 亿美元。

最终，SpaceX 在 2019 年通过三轮融资筹集了 13.3 亿美元，成为世界上最有价值的私人公司之一，而且由于持续地超额认购融资，SpaceX 是全球最受欢迎的预 IPO 科技公司。

这些行业的动作比较多

2019 年，从跨国公司总体动态来看，"合"的趋势更强于"分"，在一些行业更是显示出整合元年的特质。收购、合并、收购动议等

跨国布局

消息频频。

汽车行业掌握着庞大的资本和技术资源,也引领着消费的潮流。

5月,保时捷收购位于普福尔茨海姆的软件公司Cetitec的多数股权作为数字化汽车的新合作伙伴。汽车软件和电子系统变得越发重要和日益复杂,该举措是保时捷针对这一趋势所做出的积极布局。汽车与其周边环境,家庭网络和其他车辆的联网将成为一种常态。将新功能和服务快速引入市场的能力将成为未来的主要竞争因素。

9月,全电动汽车制造商Rivian宣布,汽车服务公司Cox automotive将对其进行3.5亿美元的股权投资。这一合作是Rivian在2019年第三次宣布获得投资。

合资、并购的案例还有,大众和福特合作开发电动汽车和自动驾驶汽车;两家德国汽车制造商宝马和戴姆勒成立了一家合资企业开发无人驾驶技术;本田已经投资了通用汽车的自动驾驶汽车部门。这些在本书其他章节都有叙述。这里想说一下,全球第四大汽车制造商的诞生。

12月,菲亚特克莱斯勒和标致雪铁龙集团签署了一项具有约束力的合并协议,巩固了一笔近500亿美元的交易,该交易将缔造全球第四大汽车制造商。

这两家公司在一份联合声明中说,他们预计这桩各占一半股权的合并案将在12～15个月内完成。合并后的公司将拥有大约41万名员工，年收入约为 1900 亿美元，并争取组建一个年销量 870 余万辆的集团。该集团将包括菲亚特、吉普、道奇、公羊、克莱斯勒、阿尔法罗密欧、玛莎拉蒂、标致、DS、欧宝和沃克斯豪尔等品牌，使其能够服务于大众和高端乘用车市场，以及卡车和轻型商用车市场。

这是继一系列车企合纵连横之后的又一行业重组。有分析认为，在当前史无前例的电动化、自动化、数字化的变革中，全球汽车产业的抱团取暖风起云涌，此次两家公司的合并，只是这个大潮中绚丽的一朵浪花。汽车工业正在从传统制造业向智能制造业和科技产业转变，电动化、自动化和数字化，正在根本性地重新定义汽车产品、供应链、市场和商业模式，也促使各大巨头与合作伙伴结成联盟。传统汽车企业已经意识到，如果不能快速跟进这场变革，终将被时代淘汰。

对于医药行业来说，2019 年是当之无愧的整合元年。

8 月，辉瑞公司宣布，已完成同葛兰素史克公司创建消费保健品合资企业的交易，双方的消费保健品业务经过合并，以稳健的标志性品牌组合成为全球非处方药业务领导者。

如先前公告，根据交易条款，辉瑞拥有合资企业 32% 的股权，葛兰素史克则拥有 68% 的股份。合并后的业务将以葛兰素史克消费保健品公司的名称在全球运营。合资公司将在止痛、呼吸、维生素及矿物质、营养补充剂，以及治疗性口腔保健领域处于行业前沿地位。

此外，双方共同运营该业务将有助于在非处方药主要市场——美国和中国继续占据数一数二的市场份额。

医疗机器人时代来了！8月，西门子医疗与美国Corindus Vascular Robotics公司达成了收购协议。根据协议，西门子医疗将以每股4.28美元收购Corindus的股份，总价达11亿美元。

Corindus大家可能比较陌生，但在业内它可是大名鼎鼎。它是美国机器人辅助血管介入的全球技术领导者，开发、生产、销售用于微创手术的机器人系统。这些手术系统可帮助医生通过融合影像指导精确控制导管、导丝、球囊或支架植入物的操作。医生不必像往常一样站在血管造影手术床边，而是通过独立的控制模块掌控手术进程，因此可以减少医生吸收的射线剂量。

无独有偶，在此之前，ABB公司也宣布将在位于美国得克萨斯州的得克萨斯医疗中心创新园区开设一家新的医疗中心，为医疗实验室引入协作机器人。有研究显示，到2025年，非手术医疗机器人的市场估计将达近6万个，几乎翻了两番。机器人技术在医疗行业的作用正持续升温，机器人技术正走进人们的生活！

Synthorx是一家专注于癌症和自体免疫疾病治疗的临床阶段生物技术公司。12月，法国制药巨头赛诺菲（Sanofi）表示，已同意以约25亿美元现金收购总部位于加州的生物科技公司Synthorx，以进军抗癌药物领域。赛诺菲提出以每股68美元的现金收购Synthorx普通股的全部流通股，较该股12月6日收盘价溢价172%。赛诺菲首席执行官保罗—哈德森在一份声明中称："此次收购完全符合我们的战略，即建立高质量资产组合，并以创新引领市场。"

高端制造业以庞大的体量和强大的财富吸纳能力成为最大的公司合并群体。

2019年6月，罗尔斯—罗伊斯宣布与西门子达成协议，收购其电动和混合电动航空推进业务，即eAircraft，以加速实现电气化战略。西门子eAircraft业务主要位于德国和匈牙利，负责开发一系列全电动和混合电动航空推进解决方案。而罗尔斯—罗伊斯在推进电动飞行方面已经取得诸多进展，可用于混合电动垂直起降eVTOL、通用航空飞机和混动直升机的混电推进系统成功进行地面测试。

日本三菱重工和加拿大庞巴迪公司6月宣布已达成协议，三菱重工将以5.5亿美元现金收购庞巴迪CRJ支线客机项目，并承担该项目约2亿美元的负债。

根据协议，庞巴迪公司基于支线客机项目证券化而持有的约1.8亿美元净收益将转移给三菱重工。三菱重工将获得CRJ飞机项目的维修、支持、翻新、营销和销售业务，相关的服务和支持网络，以及适航认证。此收购为三菱重工在全球拓展其民机制造业务的重要战略步骤。

英特尔和Apple7月签署协议，Apple将收购英特尔大部分智能手机调制解调器业务，包括相关知识产权、设备和租赁。大约2200名英特尔员工将加入Apple公司，通过所获得的当前和未来的无线

跨国布局

技术专利，加上 Apple 现有的专利组合，Apple 将拥有超过 17000 项无线技术专利，涵盖从蜂窝标准协议到调制解调器架构和调制解调器操作等方面。英特尔将保留为非智能手机应用开发调制解调器的选择，例如，个人电脑、物联网设备和自动驾驶汽车。

1908 年成立的 DIC 是一家总部位于东京的日本企业，业务遍及全球 60 多个国家，2018 年的销售额约为 8000 亿日元，相当于约 68 亿欧元。在"化学营造色彩与舒适"的口号下，DIC 活跃于三个领域：包装与印艺材料、功能产品和色彩与显示。其中，色彩与显示业务领域包括颜料产品组合。9 月，DIC 与巴斯夫就收购巴斯夫全球颜料业务达成协议。该项交易所涉及现金和无债务的购买价格为 11.5 亿欧元。DIC 表示："巴斯夫颜料产品组合将帮助我们巩固作为全球领先的颜料供应商之一的地位，并为我们的客户提供更多元化的解决方案。"

英特尔公司以强大的资源优势吸引着行业的眼光。2019 年 12 月，英特尔宣布，以 20 亿美元的价格再次收购一家以色列公司。这是一家人工智能芯片制造商。这家名为 Habana Labs 的公司总部位于以色列，是一家为数据中心提供可编程深度学习加速器的厂商，也是一家目前在人工智能芯片领域实现量产的为数不多的创业公司。

英特尔预计，到 2024 年，AI 芯片市场规模将超过 250 亿美元。市场如此之大，竞争对手英伟达、AMD、高通等，实力如此之强，只有精心布局，才能稳步发展。此次的收购，已显示出英特尔进一步增强自身 AI 产品组合，并加快它在快速增长的 AI 芯片新兴市场发展的雄心。

霍尼韦尔（Honeywell）是一家国际性从事自控产品开发及生产的公司，其业务涉及航空产品和服务，楼宇、家庭和工业控制技术，汽车产品、涡轮增压器及特殊材料。2019 年 12 月，霍尼韦尔宣布收购 Rebellion Photonics。Rebellion Photonics 公司总部位于休斯敦，提供各种创新、智能的可视气体监控解决方案，大幅提升油气、石化和电力行业的安全性、运营绩效、减排和合规性。

Rebellion 将隶属于霍尼韦尔安全与生产力解决方案集团，该集团提供各类的气体检测技术、安全装置、移动解决方案和软件，帮助工人保持安全并提高效率。Rebellion 公司的技术也将通过霍尼韦尔特性材料和技术集团的业务使其走向应用市场，以帮助流程制造业领域的客户提高安全性和合规性。霍尼韦尔表示："此次收购可谓是对霍尼韦尔在流程技术、自动化和气体检测解决方案产品组合方面的一个补充，并加速了我们向软件工业公司的转型。"

充满想象力的合作

在 2019 年"合"的趋势更强于"分"的大氛围下，很多企业虽然没有迈出实质性合并的步伐，但积极寻求合作却无处不在。甚至，有很多天马行空的合作，正迸发出充满想象力的奇思妙想。

2019年1月，在国际消费电子展(CES)期间，英特尔和阿里巴巴宣布双方正联手开发人工智能(AI)运动员跟踪技术。基于现有和即将推出的英特尔硬件及阿里巴巴云计算技术，该跟踪技术将支持一款领先的深度学习应用，实现对运动员在训练或比赛中3D形态的提取。这项合作旨在为运动员提供新的训练数据和分析方法，并帮助爱好者深入了解世界级运动员的表现。

香水能提高工作效率？是的，荷兰共享办公空间品牌Spaces与家居生活品牌Marie-Stella-Maris宣布，将联手推出一款有助于提高办公环境工作效率的室内香熏喷雾。该香熏取名为"工作之灵"。据亚利桑那大学开展的一项研究表明，香气可以缓解愤怒、烦恼和压力等负面情绪，同时释放快乐、放松的正面情绪，提高人们的工作效率。此次合作就是受该项研究的启发。

用电影拉近人们和未来科技的距离，全球连接和传感领域企业泰科电子（简称"TE"）就做了这样的尝试。TE与美国20世纪福斯电影公司及美国光风暴娱乐公司就影片《阿丽塔：战斗天使》（简称《阿丽塔》）达成联合推广的合作。在此次联合推广中，泰科创作了一系列内容去探究《阿丽塔》电影背后的科学。影片中展示的电动和无人驾驶、传感器的大量应用，以及先进医疗设备等方面，正是现实世界中泰科在不断推动的技术领域。此外，影片通过神经机械学、先进的交通工具及其他前瞻性的技术，探索了未来科技的无限可能。

超音速旅行不远了！2019年2月，波音公司宣布与总部位于内华达州雷诺市，在新一代超音速飞机领域处于领先地位的Aerion公司达成合作伙伴关系。Aerion成立于2003年，其目标是发展用于超音速飞机的更高效新型气动技术。该公司在2014年推出了载客12人的AS2超音速公务机概念。波音将提供工程、制造和试飞等方面的资源，旨在让Aerion的AS2超音速公务机进入市场。

这些合作看起来更像大结盟。2019年2月，全球航空业的数家主要企业在飞机改装领域组成全新联盟。作为飞机改装行业的领先企业，阿提哈德航空工程部、EAD宇航、汉莎技术及Envoy宇航公司签署谅解备忘录，组成独立飞机改装商联盟（IAMA）。IAMA旨在鼓励飞机所有者和运营商利用高质量设备和严格的检测完成机队改装和现代化，无论由IAMA的哪家成员提供工程服务。而且，独立飞机改装商联盟对所有市场参与者开放，包括飞机制造商、航空公司、供应商和租赁商等。

神秘的"黑匣子"将被重塑。2019年3月，霍尼韦尔与柯蒂斯—莱特公司强强联手，合作开发航班数据监测与分析的全新方式，将极大提升航空事故调查水平。双方将采用实时互联技术改造驾驶舱语音记录器和飞行数据记录器——俗称的"黑匣子"，用于商业航空客运、货运及公务机市场。两家公司将共同开发新一代飞行数据记录器硬件，同时，霍尼韦尔将进一步革新其软件功能，以便在飞行过程中无缝接入实时数据。

  自动驾驶已在不远处。同是在3月，宝马集团与戴姆勒股份公司签署谅解备忘录，将开启长期战略合作，联手推进自动驾驶技术发展。合作双方的目标是到21世纪20年代中期将下一代科技推向市场。根据协议，双方的合作开发将涵盖多个驾驶自动化阶段，包括在高速公路上的三级与四级自动驾驶。此外，双方也将探讨在该领域深化合作开发的可能性，以涵盖更高的自动化级别，将应用范围从高速公路扩展到城市道路。双方强调将开展可持续的长期合作，目标之一是要为自动驾驶创建一个可扩展平台。

  云技术大家已不陌生，那什么是混合云呢？2019年4月，英特尔和谷歌云宣布建立战略合作伙伴关系，旨在帮助企业客户在企业本地和公有云环境之间实现无缝的应用部署。两家公司将合作开发一款基于第二代英特尔至强可扩展处理器的全新服务平台参考设计Anthos。尽管很多企业正在采用多云解决方案来推动业务发展，但仍有很多公司难以找到合适的混合云解决方案来实现工作负载在各云之间的无缝迁移。全新的Anthos参考设计将通过对工作负载可移植性进行优化的堆栈来应对这一挑战，支持跨企业本地数据中心和多个公有云提供商服务之间的应用部署。

  倒时差不再是问题。阿提哈德航空与松下航空电子公司（简称"松下"）宣布建立合作伙伴关系，联合开发并试用健康解决方案，旨在进一步提升旅客的出行体验。通过此次伙伴关系，阿提哈德将成为首家试用松下全新健康解决方案"时差顾问"(Jet Lag Adviser)的航空公司。时差是航空旅客跨时区旅行时面临的最大挑战之一,"时差顾问"会收集一系列旅客信息,然后利用人工智能引擎为旅客生成个性化的时差计划,并提供量身定制的建议,从而帮助旅客减轻时差反应。个性化时差计划涵盖飞行前、飞行中和飞行后三个阶段,会就每个阶段的特定时间如何缓解时差反应提供不同的建议和提示。

人工智能与物联网技术的结合、应用,正在成为引领全球数字化转型的最新趋势。5月,由微软(中国)有限公司携手实验室合作伙伴张江集团在浦东新区打造的微软人工智能和物联网实验室正式启用并投入运营,首批30家国内外知名企业和初创公司入驻。微软人工智能和物联网实验室,是微软为推动人工智能和物联网解决方案及应用的创新、研发和产业化而专门设立的全球性研发机构。实验室聚焦人工智能和物联网技术与制造、零售、医疗、金融、城市建设等行业的深度融合及创新发展。实验室不仅为入驻企业提供广泛覆盖产品技术的支持,也能以微软强大的生态系统资源,满足大型企业用户面向全球市场的多样化需求。

第三章

创新者赢

　　创新是一个恒久的市场话题,对于企业来说,无创新不突出,无创新不胜利。研发新技术,是创新;搞出新设计,也是创新;推出新营销,还是创新。这一章,我们盘点一下 2019 年跨国公司的创新成果,包括新产品、新技术、新合作,以及新战略。

新产品开拓市场

新产品开发的成功与否直接关系到企业的长远发展。它不仅给企业带来利润,还能巩固企业在市场上的良好形象。创新是企业生命之所在,如果企业不致力于发展新产品,就有在竞争中被淘汰的危险。努力开发新产品,对于企业的生存发展有着极为重要的意义。

对于创新,业内人士认为有两种:一种是延续性技术创新,另一种是破坏性技术创新。前一种延续性技术创新,就是只对此前的技术做优化、提升。许多大企业都在延续性技术上做得很好。而破坏性技术创新,则是一种彻彻底底颠覆性的技术革新。

乔布斯带领的苹果公司创造并投入量产的 MacBook 和 iPhone 系列,直接导致了诺基亚、黑莓等手机厂商的陨落。这是苹果公司崛起的决定性因素之一。每当苹果公司推出新产品,就会使喜欢苹果的年轻人骚动多日,甚至排队到天亮也要将第一批新产品拿到手。推陈出新,也是苹果产品多年来一直领先行业的秘籍。尽管近年有评论说,苹果公司的创新几乎进入窘境,但是苹果公司是"乔布斯梦想的地方——苹果未来创新的大本营和灵感之源"。2019年3月,苹果发布两款更新产品——iPad Air 和 iPad mini 的新版本,这是该公司多年来首次更新这两款产品。

　　iPad Air 配有更大的 10.5 英寸显示屏（起价 499 美元），iPad mini 也有同样 7.9 英寸显示屏。这两款设备首次支持 Apple Pencil，处理器速度是之前型号的 3 倍。iPad mini 将主要用作娱乐设备，可能会吸引学生和青少年，而重量较轻的 iPad Air 将取代 10.5 英寸的 iPad Pro。iPad 没有提供任何革命性的体验，在销量方面也不会有太大的变化。

　　微软自诞生以来就是颠覆性技术创新的领跑者。2019 年 6 月，微软推出一款新 Xbox 游戏机。这家科技巨头宣布，这款代号为"思嘉计划"的游戏机将于 2020 年年底推出。微软表示，它的功能是 Xbox One S 的 4 倍，内存更大，分辨率更高，图像更好。它也将拥有更大的存储空间。

　　微软游戏执行副总裁菲尔·斯宾塞在发布会上表示："游戏机应该针对一件事进行优化，而且只针对一件事：游戏。"

　　微软还表示，这款新游戏机将与游戏《光环无限》同时推出。微软还发布了一款配有蓝牙和可充电电池的新款 Xbox 控制器，电池的使用时间可达 40 小时。

　　6 月 5 日，微软亚洲研究院创新论坛 2019 在北京举办。作为微软亚洲研究院为其"创新汇"成员企业量身打造的年度盛会，本届论坛围绕"爱创新、智同行"主题展开，来自金融、电信、物流、教育、医疗、制造、房地产等不同行业的 26 家"创新汇"二期成员企业集体亮相，并与微软亚洲研究院的科研人员共同探讨人工智能物联网的机遇与挑战、人工智能时代的企业文化转型等业界关注的焦点话题。

让科研与商业互相促进、互相启发，携手发掘科学研究、技术创新、机构业务与行业发展之间的契合点，真正把握住数字化转型带来的新机遇——这便是微软亚洲研究院"创新汇"创办的初衷。

"数字化转型不是终点，而是一个旅程。"微软全球资深副总裁、微软亚太研发集团主席兼微软亚洲研究院院长洪小文这样说。今天，中国企业拥抱人工智能的热情越来越高，巩固自身基础设施建设的同时，与全球前沿企业携手合作、积极探索，在这个过程中，不断增强技术能力储备，这将为企业制定出更明确的人工智能发展策略打下坚实的基础。

汽车行业的竞争完全可以用"无硝烟的战场"来形容，各大优质品牌推陈出新，想尽办法抢占市场。

兰博基尼在 2019 年德国法兰克福车展上推出首款混合动力超级跑车。这款名为 Si á n 的新车将是有史以来最快、最强劲的兰博基尼，限量生产 63 辆。

这款车能在 3 秒内从 0 加速到 62 英里／小时（约 100 千米／小时），最高电子限速将超过 217 英里／小时（约 350 千米／小时）。

兰博基尼表示，这款车的混合动力系统使速度提高 10%。当汽车换挡时，这种小型电动马达还能平滑电力流动，将换挡时的颠簸感降到最低。兰博基尼尚未公开宣布价格,但据信价格达数百万美元。将投产的 63 辆 Sián 都已被预订。

11 月,法拉利推出新 600 马力"罗马"车型。全新前置引擎 V-8 动力总成,从而扩大了其更舒适的行车设备。

它由该公司流行的双涡轮 V-8 发动机提供动力,可产生 611 马力,并配有该公司 SF90 Stradale 车型中引入的 8 速变速箱。它能在 3.4 秒内从 0 加速到 62 英里/时(约 100 千米/时)。

"罗马"是法拉利 2019 年推出的第五款新车,该公司希望继续保持增长和利润。

2019 年 10 月,丰田发布新版氢动力汽车。在汽车行业面临大幅削减碳排放巨大压力的今天,该公司押注燃料电池将有助于确保丰田的未来。

丰田正在推出氢动力燃料电池电动汽车 Mirai。该公司表示,这款车经过重新设计,"行驶里程显著增加,驾驶性能得到改善,设计优雅,动感十足,为乘客提供了更大的空间和舒适度"。

最新的 Mirai 配备一个改进的燃料电池组,可储存更多的氢。这意味着这款车的续航能力比上一代提高 30%,上一代充满电后的续航能力为 312 英里(502 千米)。丰田称,这款车计划于 2020 年晚些时候在日本、北美和欧洲首发。

2019 年,雪佛兰推出一款全新重型车——西尔维拉多,成为首款售价超过 10 万美元的皮卡。皮卡、SUV 和跨界车的销量近年来飙升，取代轿车和大篷车成为家庭用车的首选。分析师表示，皮卡的利润率更高，每辆皮卡车约为1万美元，是普通轿车的数倍。雪佛兰皮卡营销总监皮萨表示，雪佛兰的西尔维拉多，以及GMC品牌的塞拉皮卡家族，是通用汽车盈利的"主要贡献者"。

这就很好地解释了为什么在通用汽车关闭北美三家装配厂、裁减数千个工作岗位之际，它一直在大举投资皮卡业务。据悉，2019年5月，该公司宣布将投资2400万美元提高韦恩堡工厂的皮卡产能。

根据J.D. Power的数据，全尺寸皮卡的价格已经从2010年的行业平均32557美元上涨到2018年的44181美元。2019年前5个月，这一数字再次升至45260美元

接下来，我们来看一下空中代步工具的创新产品有哪些。

经历半个多世纪，三菱飞机将推出第一架日本制造的客机——太空喷气机。

在巴黎航展之前，三菱公布了复古未来主义的新品牌名称，并概述了最终推出的该项目计划。这款88座M90的续航里程约为1300英里，相当于纽约和迈阿密之间的距离。与之前的机型相比，这款机型的燃油效率更高，机身设计比波音和空客的单通道飞机更小。

三菱M90计划于2020年交付，其客户包括日本全日空和天西航空，后者是一家北美地区航空公司，联合航空、美国航空和达美

航空也都是其客户。

报道称，三菱一直在考虑收购加拿大竞争对手庞巴迪的支线飞机业务，这将使这家日本制造商获得一个庞大的售后支持网络。

欧洲飞机制造商空客2019年6月17日推出新型A321XLR客机。这一新机型的续航里程将超过8700千米，比之前的A321LR机型续航里程长了15%。此外，新机型单座燃油消耗也降低了30%，能够大大节省航空公司的运营成本。据悉，空客与位于洛杉矶的飞机租赁公司ALC近日签署的100架飞机购买意向书中，就包括27架A321XLR。

空客推出此机型的目的是，可以让航空公司使用运营成本更低的单通道飞机投入航程更远但客流相对较少的航线，而目前这些航线大部分只能由更大但效率相对较低的宽体客机提供服务。新机型将适合如印度至欧洲、中国至澳大利亚或者欧洲至美洲的跨大西洋直飞航线。

随着数字立体3D走入人们的生活，各种增强视觉真实感的产品不断有新产品吸引着人们的眼光。

新一代数字显示屏正逐渐成为车辆驾驶舱必备的主要特征之一，不仅能增大尺寸、增强更强的视觉效果，而且能搭载更多功能。未来驾驶舱中的数字显示屏将延续手机和电视等智能设备上的功能，对驾驶员和车辆的交互发挥关键作用。

博世的全新3D显示屏正是为应对这一趋势而生。该产品运用被动式 3D 技术来生成逼真的三维效果，相较传统显示屏而言，有助于驾驶员更快抓取视觉信息。从曲面屏到配备 OLED，再到可编程显示屏，博世正不断为车载显示屏的行业设立标杆。

根据 Global Market Insights 的数据，到 2025 年，全球汽车显示屏市场将从目前的 150 亿美元（134 亿欧元）翻倍增长至 300 亿美元（约 267 亿欧元）。

知名社交软件 Snapchat 母公司 2019 年 8 月正式发布可支持 3D 效果新版太阳镜 Spectacles 3，内设双高清摄像头，可支持 3D 效果。与之前的版本一样，新版眼镜可以让用户点击镜框上的一个按钮拍照和录视频，然后将它们传输到 Snapchat 应用上。

Spectacles 眼镜的主要功能创新在于配备了双高清摄像头，通过与人眼相近的方式用 3D 捕捉画面深度和尺寸。该公司表示，未来会增强现实感，使其覆盖我们的周围世界，而不仅局限于一个小屏幕上。

新技术创造未来

技术创新是企业提升竞争力的重要手段和基本路径。同时，技术创新也是企业持续发展的生命线和提升企业国际竞争力的关键要素。在经济全球化背景下，产品研发项目从设计、试制到批量生产，高度化、精细化、复杂化的特点日趋明显。作为技术领头羊，跨国公司将自己的创新能力与各个国家企业的技术力量整合在一起，加快了技术应用和技术进步的步伐。接下来，我们盘点一下2019年跨国公司推出的各类新技术，而且很多跨国公司的技术创新是跨行业、跨领域的。

2019年2月，空中客车推出一项名为Verde的创新服务，该服务通过卫星图像提供详细的农作物分析，可以完美覆盖地面并精准穿透云层。

Verde是基于空中客车防务与航天的数字平台OneAtlas的一种解决方案。不论使用哪种卫星，Verde可以充当任何精准农业门户网站的即插即用应用程序接口，提供可靠和量化的植被测量，在时间和空间上都可以保持一致性。

这种新的服务主要适用于旺季监测，以帮助异常检测，优化田间探查、灌溉、播种、施肥和农作物保护等。该项服务亦可用于淡季分析，以帮助审查农业战略，基于持续增长模式定义管理区域，并改进长期实践。

从最小的初创公司到大型农企，Verde的潜在客户覆盖整个精准农业咨询供应商链。Verde已被一家澳大利亚农业科技公司DataFarming所采用，为全球的农民和农学家提供精准农业解决方案。

专注创新的特种化学公司科莱恩于3月18日至20日在中国

国际食品添加剂和配料展览会（FIC 2019）上展示其创新减糖解决方案。

科莱恩致力于改善茶和果汁等即饮饮料的营养成分，帮助食品和饮料企业从产品配方中去除果葡糖浆、白砂糖，以及人工甜味剂，实现"清洁标签"解决方案的效果。在不影响产品甜度、香味、口感的同时，科莱恩提供的方案可以根据客户需求减少产品中的糖分。科莱恩基于高效的葡萄糖基甜菊糖苷，提供"清洁标签"方案选择，来减少即饮饮料中的糖分，从而降低卡路里。

2019年4月，科莱恩又宣布，推出全新独特的室内外家具油漆和涂料解决方案，为平衡、可持续的生活方式作出积极贡献。在2019年欧洲涂料展上，科莱恩向行业推出了可持续涂料成分，使制造商能够轻松地将产品研发与这种更纯粹的生活方式趋势相协调。

来自瑞典的 lagom（不多也不少）概念正在风靡全球，许多消费者希望将其代表的舒适性、简洁性和合理性纳入家居环境和材料选择中。

消费者越来越青睐于使用无杀菌剂墙面涂料（亦称有机硅酸盐涂料），此类涂料能够创造一个更加健康的室内环境。此外，德国"蓝天使"环保认证已经明确规定，室内墙面涂料不可含有杀菌剂。相比分散型涂料，此类涂料的"透气性"（蒸汽渗透性）是一大优点，但不易搅拌涂抹，这削弱了它的吸引力。

对于每个新手司机来说，停车都是一件不容易的事。舍弗勒集团4月宣布，于2016年年初启动的OmniSteer研究项目已经成功完成，横向泊车成为现实。OmniSteer的意思是"全向操控"，这一项目的启动旨在针对城市电动汽车的转向系统开发创新概念和产品原型，为大众解决在城市里高效停车的问题，经过3年的努力，现在已经成功完成。

该项目利用轮毂电机驱动系统，使每个车轮都可以独立转向，并且在每个方向上都能够实现90度转向，能够实现车辆在没有停车的情况下从直线行驶切换到平行泊车，驾驶员可以根据具体情况在前轮转向、后轮转向，以及全轮转向之间自由切换，甚至可以实现原地转向。

不久的将来，司机们或许不用再费力学习泊车，就能轻松从新手晋级成高手了。

伴随欧洲空中航行安全组织路线成功开发的高效路线优化技术的诞生，霍尼韦尔2019年5月31日宣布将量身定制其业界领先的GoDirect服务，以持续满足全球运营商的需求。

在空中交通拥堵不堪且经常受限制的欧洲，这项新技术能够减轻飞行员和调度员的负担。此外，更加高效的路线也能帮助运营商节省财务和时间成本。

"借助这项新技术，我们使飞行计划变得更便捷，霍尼韦尔为客户提供的路线通过率可达90%。"霍尼韦尔航空航天集团软件和服务副总裁兼总经理约翰·彼得森称,"欧洲地区空中交通拥挤,空域复杂,但这并不意味着运营商和飞行员必须向现状妥协。通过软件、互联和分析,我们能够提供更加优化、更为可靠的路线。"

使用新的升级版 GoDirect 飞行计划工具,客户将大大节约在欧洲地区飞行计划上所花费的宝贵时间,同时显著减少延误和错误的可能性,从而降低相关的巨额成本。

得益于柔性显示技术的进步,打开是平板,合上是手机,根据使用需要自由变大或变小的电子设备已成为现实。

5月,亚马逊在网上发布一份专利申请,详细说明了门铃摄像头可能被用来识别包裹何时从台阶上被偷走,并迅速通知邻居和警察。

这款应用是亚马逊及其家居安全品牌 Ring 关注的最新例子,目的是打击社区犯罪,尤其是"门廊偷盗者",他们会从门口台阶上偷走电子商务包裹。

因该应用描述了这项技术识别小偷的潜在可能性,因此也引发了对亚马逊人脸识别技术的争议——公司经常为那些从未取得成果的技术申请专利。但这些应用程序毕竟提供了一个窗口,让人们了解企业可能感兴趣的问题和市场。

7月,摩根大通宣布 2019 年借助人工智能技术,解锁新的校招方式。应聘摩根大通的应届生,除了需要在网申过程中提供一段录像外,还需要完成一项基于行为科学的在线游戏。

这项在线游戏并不是一项"考试",因此也没有所谓正确或错误的答案。摩根大通表示希望以此营造一个更加公平的竞争环境,消除招聘时可能存在的偏见。

摩根大通中国人力资源部主管施得蔚表示:"我们把人工智能应用到了校园人才招聘中,我相信通过把人类和机器的智慧相结合,将帮助更多来自不同背景的多元化人才加入我们的团队。"

据介绍,摩根大通采用的 Pymetrics 系统,是一项以行为科学为基础的、互动型的在线游戏。申请者完成在线游戏后,将由人工智能代替人类做出分析。

9月,三星 Galaxy Fold 折叠屏手机在中国官网上线,并开启了用户预约通道。这款手机采用双折叠内屏,打开后屏幕尺寸是 7.3 英寸,折叠起来是 4.3 英寸。业内专家表示,2019 年可以看作折叠产品元年。无论是华为的 MATE X,还是 2019 年年底有望在欧洲上市的摩托罗拉 RAZR 折叠手机,均是以柔性显示技术为基础研发的。

随着技术进一步发展,柔性显示屏的厚度可以相当于一张 A4 纸,折叠屏幕可能具有更多形态,比如,水滴折叠或者 U 形折叠,甚至像叠纸般可多次折叠的屏幕都有可能出现。当然,折叠产品能否大范围推广,主要取决于供应链是否成熟,以及消费者对价格的接受程度等。不可否认的是,折叠产品将会很快迎来一个"小爆发"。

市场调研机构Stone Partners数据预测，2020年，全球主要智能手机品牌采用柔性AMOLED显示屏的渗透率将提升至21%。

未来几年，虚拟现实（VR）和增强现实（AR）应用将更加普及。在游戏及其他众多领域，它们早已发挥重要作用。全球许多用户已将这项技术用于培训，或频繁用于日常其他工作流程。

10月，英国四大银行之一的国民威斯敏斯特银行宣布，开始为期3个月的生物识别信用卡试验。这是该行在2019年4月尝试使用指纹扫描仪进行非接触式支付获得试点成功后的进一步测试。该银行称，如果这项试验成功了，生物识别卡将很快成为常态，就像近年来人们用手机支付一样。

指纹、人脸、虹膜、声纹、静脉识别等生物识别技术的应用场景，对今天的我们来说已经不是什么新鲜事。但不得不感叹的是，这项技术在飞速发展，并日渐成熟。《英国金融2019年英国支付市场报告》称，2018年非接触式支付达74亿英镑，比2017年增长31%。另有市场研究机构的最新预测数据显示，全球生物识别市场将由2018年的168亿美元增至2023年的418亿美元，年复合增长率将达19.9%。

11月，欧司朗发布红外LED，扩展眼动追踪系统的光学产品再添"秘密武器"。精确的眼动追踪系统对高质量的增强现实和虚拟现实解决方案具有重要意义。

欧司朗全新的红外LED技术用于先进眼动追踪解决方案，提供

跨国布局

目标参考点，有效防止产生上述副作用，让用户安全舒适地沉浸在另一个世界中。眼动追踪系统记录用户的视线角度及其眼球运动情况。该系统利用红外线照射眼睛，并用相机传感器记录眼球的光反射，通过软件确定眼球的准确位置和用户的视线方向，生成相关信息用于系统画面显示。

12月，英特尔研究院发布代号为"Horse Ridge"的首款低温控制芯片，以加快全栈量子计算系统的开发步伐。

作为量子实用性道路上的一个重要里程碑，Horse Ridge实现了对多个量子位的控制，并为向更大的系统扩展指明了方向。

基于英特尔22纳米FinFET技术，英特尔与由荷兰代尔夫特理工大学与荷兰国家应用科学院联合创立的QuTech共同开发了Horse Ridge。控制芯片的制造在英特尔内部完成，将极大地提高英特尔在设计、测试和优化商业上可行的量子计算机的能力。Horse Ridge被设计成一个射频（RF）处理器，用来控制在冰箱里运行的量子位，其编程指令与基本量子位的操作相对应，这些指令将被转换成可操纵量子位状态的电磁微波脉冲。

这款全新低温控制芯片将加快全栈量子计算系统的开发步伐，标志着商业上可行的量子计算机发展到新的阶段。

在新技术日新月异的今天，新技术必然带来新的革命。

新合作带来多赢

在创新成果迭出的同时，越来越多的跨国公司意识到，创新不是闭门造车，而是本身具有开放的基因。目前，加强对外开放与合作，提升其创新能力，成为不少跨国公司的发展方向。

美国支付处理商 Fiserv 和 First Data 2019 年 1 月发布公告宣布，双方董事会就 Fiserv 换股收购 First Data 全部股票一事正式达成协议。股权价值约为 220 亿美元，成为近年来金融服务业最大的并购案。两家公司的业务具有极强的互补性，合并后将产生巨大的协同效应。

First Data 是怎样的一家企业呢？这家以互联网为依托的新金融公司，为全球数十个国家的金融机构和商户提供电子商务和支付服务。该公司基于平板电脑的支付系统 Clover，已成为近年来该公司发展最快的业务之一。其交易量在 2019 年年初已攀升至每年 700 亿美元。Fiserv 之所以相中它，恐怕这是主要原因。

随着金融科技的兴起，传统的金融服务已经很难满足消费者越来越高的要求。拥抱新金融、适应新生态，传统金融服务行业必须迎接挑战，在变革中寻找突破，以获得长足发展。

2019 年 3 月 4 日，美国贝恩公司宣布与阿里巴巴天猫展开战略合作，利用大数据深入开展快消行业的消费者全景洞察，对消费者的购买行为及影响因素进行深入研究，从而为品牌商提供指导。

贝恩作为长期根植中国消费品和零售业的管理咨询公司，在品牌运营方面有着丰富的实践经验，而阿里巴巴则拥有庞大的数据优势，双方结合彼此的优势，联手进行消费者研究，将能够为品牌商精准提供消费者的购买偏好，引导品牌商根据消费者的偏好进行设计和生产，以及将产品精准营销给潜在的消费者。

这一趋势将对快消行业产生很大的影响，使产品生产更以消费者为中心，更加符合消费者的需要，提升消费体验。

前面已经提到作为化工行业的翘楚巴斯夫动作很多，它作为提供颜料的企业之一，直接服务于产品，能更好地抢占市场。2019年，巴斯夫还进行跨行业合作——与电气商合作。3月7日，巴斯夫和领先的电器制造商美的集团股份有限公司（美的）签署了创新战略协议，双方将加强合作，将更多巴斯夫的先进解决方案应用于美的家用电器。

根据该协议，双方将一起探索巴斯夫先进材料和创新解决方案在美的电器上的应用，包括冰箱、空调、洗衣机、净水器和热水器。巴斯夫的创新解决方案将为美的等家电制造商合作伙伴提供多种优势。

巴斯夫的聚氨酯绝缘材料将改善家用电器的能耗和预期寿命；过滤系统将有助于消除室内的甲醛污染，保持室内空气的清洁。作为合作的一部分，巴斯夫还将开发符合美的洗衣机的洗衣液表面活性剂。该解决方案能够在洗衣过程中保护衣物，从而延长衣服的整体穿着周期。

在 4 月举行的 2019 汉诺威工业博览会上，SAP 联合 6 家欧洲机械工程、工业自动化和软件行业的企业，共同宣布建立"工业 4.0 开放联盟"，并签订具体合作协议。该联盟向所有企业开放。

联盟成员致力于建立一个用于运营高度自动化工厂的标准化开放生态系统，其中包括物流和多种服务。联盟将努力避免产生或使用专有、孤立的解决方案，从而更有效地赋能欧洲工业数字化转型。联盟成员企业计划携手更多的企业加入其中，构建"开放式工业 4.0 框架"。

工业 4.0 开放联盟的创始和成员企业一致承诺，为用户提供标准化、开放且兼容的解决方案，覆盖一个产品的整个生命周期——从车间零部件到最终服务。

SAP 通过连接其解决方案，将与合作企业一同帮助用户实现整个业务流程的协同，包括生产执行、仓库管理和工厂维护等。

生命科学与健康行业正在进行医疗数字化变革，通过利用人工智能，加快临床工作流程，提高准确性和诊断水平，在降低医院成本的同时，为医学研究提供更大的支持。

人工智能产品应用于生活，才能真正发挥它的作用。

2019 年 4 月 15 日，英特尔与西门子医疗宣布，双方正在合作

跨国布局

开发一种突破性的基于人工智能的心脏MRI(磁共振成像)分割和分析模型,有望提供实时的心血管疾病诊断。

人工智能可以快速提供解剖系统的可视化,并识别异常状况,这有助于临床医生进一步专注于患者护理。英特尔和西门子医疗使用了第二代英特尔至强可扩展处理器进行人工智能推理,为技术专家、心脏病专家和放射科医生提供实时磁共振成像推理结果。使用人工智能的心脏模型将为心脏病专家节省更多时间。这为人工智能推理带来了低延迟和高吞吐速度等优势,让医疗机构能够每天安全地为更多患者进行诊断服务。

5月16日,中外运敦豪与亿航智能签署战略合作协议,并发布国内首个全自动智能无人机物流解决方案。

中外运敦豪与亿航联合发布智能无人机物流解决方案是DHL在其成立50周年之际,加大创新投入的又一战略举措。双方发布了利用该解决方案的首条无人机配送服务航线。这一航线为中外运敦豪某客户定制,全程飞行距离约8千米。

使用亿航天鹰物流无人机进行派送,可将单程派送时间从40分钟大幅缩短至8分钟,适用于城市内灵活高频的中短途末端配送客户需求。

全新的解决方案不仅降低运营成本高达80%,还能得益于智能电动无人机的低能耗从而带来更高的环境效益。首飞成功后,双方计划积极探讨针对未来市场需求的第二代智能物流无人机解决方案的开发，以提升包裹的载重及航程范围等，致力于通过空中智慧物流解决"末端配送"问题。

通用汽车和轮胎制造商米其林于 2019 年 6 月就一款全新轮毂原型展开新的合作。这款轮毂旨在取代汽车制造商一个世纪以来一直依赖的传统气动轮胎和轮毂。通用汽车和米其林的官员高管在蒙特利尔举行的新闻发布会上指出，无气车轮一直是轮胎制造商和汽车制造商的梦想，并提供了许多潜在优势。

通用汽车和米其林管理人员表示，这家法国公司多年来一直在研究名为 Tweel（一体化轮胎）的概念，并最终考虑以 Uptis（独特的防刺轮胎系统）品牌面向大众市场生产。通用汽车全球采购主管史蒂夫·基弗表示："这将使我们进入下一个发展阶段。"他说，目标是于 2024 年投产。

6 月，霍尼韦尔与日本电装公司展开合作，通过双方专业知识融合共享，共同开发混合动力及纯电动动力系统，推动城市空中交通及其他航空市场的发展。城市空中交通涵盖空中的士等多种空中交通工具，是一种按需出行的交通解决方案，旨在为城市人群提供更高效、更安全的出行方式，并缓解地面交通压力。同时，材料、发电机和电动机领域的重大突破也使具备高适用性且价格合理的电动飞机成为可能。

两家公司将携手，为应用于航空航天的混合动力及纯电动动力推进系统的设计开发构建概念产品和进行技术演示。通过充分利用双方在航空航天和汽车领域的丰富经验，霍尼韦尔和电装公司将致力于打造更清洁、更安静、更省油，以及更易维护的未来飞机。

2019年，是汽车行业合作伙伴关系升温的一年。美国管理咨询公司艾睿铂发布的一项报告显示，从2017年到2018年，汽车制造商合作伙伴的数量增长了43%，达到543家。其中，自动驾驶汽车合作伙伴增长了122%，达到115家。

据美国有线电视新闻网报道，通用汽车与LG化学投资23亿美元成立合资企业，生产用于电动汽车的电池。

报道称，通用汽车等汽车制造商每年都在新兴技术上投入数十亿美元，试图在这些价值数万亿美元的潜在业务上占据上风。许多人认为，这些业务将改变我们所知的交通运输方式，并有助于降低全球碳排放。

艾睿铂汽车和工业业务全球联席主管、董事总经理马克·韦克菲尔德表示，投资新技术与保持传统业务盈利之间的"微妙平衡"，是汽车行业合作伙伴关系升温的主要推动力之一。

面对关键技术的巨大开发成本，汽车制造商更倾向于强强联合。宝马和戴姆勒于7月宣布合作，双方达成长期合作协议，由两家公司的约1200名开发人员共同研发自动驾驶技术。

双方的战略合作将专注于辅助驾驶系统、高速公路自动驾驶和自动泊车技术。两家公司将独立在各自的车上试验这些技术。预计这些技术将从2024年开始商用部署。两家公司还表示，此次合作成果将提供给其他获得许可的原始设备制造商。

宝马和戴姆勒于2019年2月曾首次对外宣称计划合作开发自动驾驶，当时称双方正在讨论拓展合作伙伴关系的可能性。而在此前，宝马和戴姆勒在开发自动驾驶汽车方面都有各自的合作伙伴。

同月，大众汽车和福特汽车也宣布，计划密切合作开发电动汽车和自动驾驶汽车。

报道称，大众已同意与福特联手投资自动驾驶汽车平台公司阿尔戈人工智能。阿尔戈目前的估值为70亿美元。两家汽车制造商表示，他们将拥有阿尔戈人工智能的多数股权。该公司正致力于开发无人驾驶技术，在人口密集的城市地区提供拼车和送货服务。

福特表示，从2023年开始，它将成为第一家使用大众电动汽车架构为欧洲市场生产电动汽车的附加汽车制造商。

随着交通运输需求的不断增长，更清洁、更安静的电动车辆将给整个社会带来新的可能。7月，沃尔沃集团与三星SDI建立战略联盟，为集团的电动卡车产品开发电池组。通过这一合作，沃尔沃集团希望能加快其在电动交通领域的研发速度，并长期增强研发和资产实力，从而更好地服务于不同细分领域和市场的客户。

在这一战略联盟之下，双方将共同针对沃尔沃集团的卡车产品开发专门的电池组。三星SDI将提供蓄电池和模块，装配于沃尔沃集团的卡车产品中，以满足其在电动交通方面的需求。

沃尔沃集团总裁兼首席执行官马丁·伦德斯泰特说："与三星

SDI 的联盟是我们为商用车研发替代化石燃料的解决方案，且提供全球最可持续的运输系统的重要一步。"三星 SDI 首席执行官全永铉表示，相信这一联盟将在能源、安全和可持续性等方面为商用车乃至其他行业提供优质的产品。

10 月 10 日，英国芯片设计巨头 ARM 宣布，公司与汽车制造商通用汽车、丰田汽车，汽车零部件供应商博世、电装、大陆共同创立了自动驾驶汽车计算联盟（AVCC）。联盟还包括半导体公司英伟达和恩智浦，这两家公司的芯片中都采用了 ARM 的技术。ARM 相关人员表示，团体的研究成果将会向非会员开放。

此次成立的联盟将对系统架构和计算平台提出一套建议或标准，确保来自不同提供商的技术能够很好地协同工作，从而让自动驾驶系统的性能要求和芯片的尺寸、功耗安全等限制相协调，推动自动驾驶汽车产业走向大规模部署。

沃尔沃集团与五十铃汽车于 12 月 18 日签署一份不具约束力的谅解备忘录，意欲在商用车领域建立战略联盟，共同探索当前行业转型的机遇。双方将建立全球技术合作伙伴关系，为五十铃汽车和 UD 卡车在日本及国际市场打造更为强大的重型卡车业务组合。为此，沃尔沃集团将向五十铃汽车转让其在全球范围内整个 UD 卡车业务，通过扩大业务规模和优势互补加速业务增长。

两大集团在业务覆盖区域和产品系列方面均具有很强的互补性，这也为今后的合作带来了更多可能。而截至 2019 年 11 月底，

UD 卡车整体业务的企业价值为 2500 亿日元（约 220 亿瑞典克朗），并将根据最终业务转让的规模和五十铃汽车公司的尽职调查结果而定。

预计该交易的完成，将为沃尔沃集团带来 20 亿瑞典克朗的营业收入，并使沃尔沃集团的净现金流入增加约 220 亿瑞典克朗。

开拓城市空中交通市场，开启了近年车企与航空、智能工业企业合作的一扇大门。

而之前的 10 月 10 日，保时捷公司与波音公司就已经签署了一份合作备忘录，以开拓高端城市空中交通市场并将城市交通延伸到空中领域。双方将通过此项合作充分利用自身的独特市场优势和见解来研究高端个人城市交通工具的未来。

作为合作的一部分，两家公司将组建一支国际团队来覆盖针对城市空中交通各个领域的研究，包括对高端交通工具市场潜能和可能应用场景的分析。此外，波音、保时捷和波音子公司极光飞行科学正在研发一种全电垂直起降飞行器。来自两家公司及保时捷公司旗下保时捷工程服务公司和保时捷工作室的工程师们将制造并测试一架原型机。

根据一份保时捷咨询公司 2018 年进行的研究，城市空中交通市场将在 2025 年后增速发展。研究还显示，城市空中交通解决方案将可以比传统地面运输方式更快速和高效地运送乘客，同时成本更低，灵活性更大。

跨国布局

而随着航空客运量的增加和城市化进程的推进，对于如何减轻航空对环境和经济影响的压力将在未来数年持续增长。

新战略重塑优势

创新发展是引领世界经济持续发展的必然选择。创新是从根本上打开增长之锁的钥匙，是引领发展的第一动力。与以往历次工业革命相比，第四次工业革命是以指数级速度展开的。当前，新一轮科技革命和产业变革正处在实现重大突破的历史关口，以互联网、大数据、人工智能为代表的新一代信息技术日新月异，催生"互联网+"、分享经济、3D打印、智能制造等新业态、新模式。而跨国公司是技术研发与创新全球化的主要参与者和实施者，其研发水平和创新能力深刻改变着人类的思维、生产、生活和学习方式。

2019年5月，《福布斯》发布第17届全球上市公司2000强。据了解，这份榜单中有184家科技公司，创历年来新高。与2018年相比，上榜的科技公司数量增加40%以上。在这些上榜的科技公司中，苹果公司的年收入达2620亿美元，再次成为全球利润最高的公司。智能手机制造商三星紧随其后，微软和Alphabet为全球第三大和第四大上市科技公司。数据显示，2019年全球2000强上市公司中的科技公司总市值占9万多亿美元，销售额近3万亿美元。

榜单上的 61 个国家和地区中，美国有 575 家公司上榜，其次是中国内地和香港地区，共有 309 家，超过日本的 223 家。与 2003 年《福布斯》第一次发布该榜单时，中国企业只有 43 家的上榜数量相比大幅增加。

《福布斯》每年评选一次全球上市公司 2000 强，依据企业营收、利润、资产和市值这四大指标进行综合评分，选出全球规模最大、最具实力的 2000 家上市公司。

在榜单中，虽然中国企业占据前 10 中的半数席位，但中国科技企业的缺位却很明显。持续且高质量发展是企业蓄积实力的关键，在新一轮改革开放大潮中，我们期待有更多的中国科技企业抢抓创新高地，对标国际先进水平，提升企业发展内功，从而跻身世界百强，为亚洲乃至世界发展作出自己的贡献。

数据显示，IBM 在 2018 年共计获得 9100 项专利，连续第 26 年雄踞美国专利排行榜首位。IBM 的发明家们在 2018 年获得了 1600 项业界领先的人工智能专利，其中包括利用人工智能来帮助人类交流和保护湖泊及河道的新方法等。他们还在区块链研发及全球快速部署方面取得了持续性的突破。除此之外，IBM 研究人员还为有关量子计算的重大发明申请了专利，其中包括一种将组件小型化以提高量子计算机性能的新方法。这些新专利来自美国 47 个州和全球 48 个国家的 8500 多名 IBM 发明家。

当然，创新不仅仅是科技公司的发展策略。"穷则变，变则通"

的道理适用于任何一个行业。2019 年,以下这些企业也都从多个方面进行创新,以求适应进而引领市场。

数字化升级是当前各行业企业谋求进一步发展的重点。1 月 29 日,新加坡航空公司成立数字创新实验室 KrisLab。它的成立符合新加坡航空 2018 年推出的"数字创新发展蓝图"发展规划。KrisLab 旨在激发创新思路,鼓励员工与外部合作伙伴、初创企业、成熟的孵化器和加速器共同创新,使新航集团能够在业务运营的各个方面充分利用数字化技术。

新航员工在开发数字业务时,使用区块链、混合现实设备、人工智能和数据分析等技术进行创新。新航员工提供的创意和解决方案,将由数字创新实验室团队根据技术和实施准备情况,以及市场和战略吸引力等因素进行评估。一旦创意通过评估,数字创新实验室团队将提供种子基金及专业知识,帮助其研发成为产品原型,进而投入实施阶段。

3 月 28 日,沃尔沃集团在瑞典哥德堡宣布成立 CampX 创新中心,进一步巩固集团在打造未来运输解决方案领域的优势地位。

首个 CampX 从一座旧工厂变成了最前沿、最具启发性和吸引力的创新中心。自成立之日起,沃尔沃集团便将与供应商、外部合作伙伴和初创企业一道,在这里开展激动人心的合作项目。

CampX 创新中心已会集了沃尔沃集团 400 余名在自动化、电气化和互联化领域的技术与业务专家。

未来，沃尔沃集团还将选择性邀请客户、企业、科研机构和政府等合作伙伴，以及集团整个生态系统中的利益相关方加入，共同利用 CampX 的实验室和工作坊来实施并验证新想法。

沃尔沃集团总裁兼 CEO 马丁·伦德斯泰特表示："通过建立 CampX 创新中心，我们将积极推动集团在颠覆式商业模式和技术方面的转型，持续聚焦自动化、电气化和互联化趋势。"

收购初创企业、投资创新企业，往往是跨国公司提升自身创新能力、激发企业活力的有效途径。2 月 13 日，亚马逊宣布已收购家庭 Wi-Fi 初创企业 Eero，后者开发的家庭互联网路由器可在家庭内部相互连接。Eero 总部设在美国旧金山，成立于 2014 年，目标是使 Wi-Fi 简单易用、易于安装和拥有强穿透力。

这是继 2018 年斥资 10 亿美元收购视频门铃制造商 Ring 之后，亚马逊又一次进军智能家居行列。亚马逊的主要家用设备是自己的回声智能扬声器，由 Alexa 提供电源。

"我们与 Eero 有一个共同的愿景，即智能家居体验可以变得更加轻松，我们承诺继续代表客户进行创新。"亚马逊设备和服务高级副总裁戴夫·林普表示。

4 月 1 日，英特尔公司全球投资机构——英特尔投资宣布，向 14 家科技创业公司新投资总计 1.17 亿美元，其中包括 2 家中国公司。这 14 家新加入英特尔投资组合的公司正在构建强大的人工智能（AI）平台；通过创新的方式，研究、分析构成世界的材料和人体科学；使用更高效、更环保的制造技术；采用颠覆性的芯片设计新方法。

这些投资体现了英特尔投资的新战略：在被投公司中占据更大份额、更具战略意义的投资股份。据了解，英特尔投资每年持续向各类新兴技术创新公司投入3亿~5亿美元，致力于推动将不可能转变为可能的颠覆性创新。

据日经中文网7月25日报道，全球工程机械二强正围绕"无人工程机械"展开激烈交锋。美国卡特彼勒公司本月初公开了无人驾驶型液压挖掘机。卡特彼勒日本代表执行董事哈里称，"工程机械的数字化是不可逆转的，将加速这一领域的创新"。

日本小松制作所也宣布在2019年内启动以人工智能实现自主运行的工程机械验证试验，并力争2021年实现商用化。小松的智能化建设推进本部长四家千佳史表示，除了工程机械的技术进步之外，"与无人机航拍测量等结合，建筑现场的智能化也将加速"。

具有全球化视野的跨国企业正成为推动先进制造业和现代服务业融合发展的主体之一。越来越多的跨国公司不再只生产产品，还进一步提供配套服务、技术支持等。

7月，法国航天局与空中客车签订CO3D光学星座协议。根据合作协议，空中客车将提供全球高分辨率数字地表模型。CO3D卫星是全球地球观测的一次重大飞跃，2022年年底发射后，由空中客车制造的CO3D星座将由4颗相同的卫星组成，每天在全球范围内提供 50 厘米分辨率的立体图像。获得的数据将为空中客车运营的云处理系统提供支持，并整合法国航天局的算法，以生成地球陆地板块的先进 3D 地图。

CO3D 卫星的重量约 300 千克，成为空中客车的光学和雷达卫星系统的一部分，将进一步增强公司满足日益严苛应用需求的能力。

这些灵活的卫星开创了一代高度创新的全电动平台，将开辟一种新的获取、处理和传输图像的方式。

在亚太地区，科思创与中国东南大学合作，研究射频信号穿透方案的优化。7 月，科思创发布为 5G 和智能手机开发材料方案。5G 技术的高传输率也将对智能手机的设计产生重大影响。由于使用 5G 技术的天线需要更多的空间，目前应用于手机后盖的金属材料将会被陶瓷、玻璃或塑料取代。

5G 项目是科思创实施全面数字化战略的一部分。通过该项目，公司将携手合作伙伴一同为联合国可持续发展目标的实现作出贡献，具体包括创新基础设施与可持续城市建设。

同月，赛门铁克公司宣布推出全新的云访问安全解决方案，其目的是在企业环境中全面保护企业对云及互联网的访问与使用。无论企业用户身处何处或采用何种设备，他们都需要直接且无中断地访问云端资源，以提高工作效率。IT 部门需要采取一种简单、经济且高效的方法来确保员工能够安全地访问各项资源，同时不会危及企业的一切云端和互联网目的地。

赛门铁克这一解决方案可以帮助企业在降低运营风险的同时，减少运营成本及复杂性，赛门铁克网络安全产品组合的集成强化特性也将进一步提升赛门铁克的行业领导地位。

12月，阿提哈德航空培训学院和阿布扎比哈利法科技大学宣布开展一项为期3年的研究，旨在利用神经认知，为新一代航空公司飞行员开发更具互动性的创新型训练程序。

这项研究将由均位于阿布扎比的哈利法大学工程学院和阿联酋高等教育学院及其认知神经影像学机构联合开展。

阿提哈德航空培训学院的学生和教员将有机会参与研究、访问数据并使用高级全动飞行训练模拟器。为达到培训效果，每位学员都应根据自身情况参加课程学习，课时因人而异。研究将从观察和采访学员入手，以评估课程的有效性并找出差距。

推进以数字化为先导是众多跨国公司的战略重点。12月，道达尔集团宣布将于2020年年初在法国巴黎开设一家数字工厂。届时，该机构将会聚300多名开发人员、数据科学家和其他领域的专家，以加速道达尔的数字化转型。集团的目标是利用数字化工具为旗下所有业务创造价值。

根据计划，该数字工厂将致力于开发兼具可用性和成本效益的数字化解决方案以提升集团运营，为客户提供特别聚焦于能耗管理与控制相关的全新服务。道达尔的目标是，在2025年前，通过推进数字化进程为集团增加收入、削减运营成本和投资支出，每年为公司实现15亿美元的价值。数字工厂是道达尔数字化转型的新举措。道达尔此前与谷歌签署了就人工智能和地理科学展开合作的协议，还与塔塔咨询服务公司就Refinary4.0签署了合作协议。

在零售行业，数字产品ID能够实现从制造环节开始对产品进行实时追踪，有助于提高库存管理，并提高供应链管理效率，还能在为消费者提供产品验真途径的同时，提高产品体验。

第四章

可持续发展

在经济全球化浪潮中,商界的影响力日趋强大,世界各国对企业的社会角色认知与界定正在发生巨大的改变。企业作为社会经济的主体,其活力体现了社会经济发展的活力,因此,越来越多的企业不再仅是追求股东价值最大化,而是要满足多利益相关方的诉求和利益回报。社会经济的可持续发展是通过企业的发展与壮大实现的,企业自身应承担的社会责任将会越来越大。

第四章　可持续发展

商业模式低碳化

2019年,"低碳"继续成为越来越多跨国公司开展业务的重要指标和方向,影响着跨国公司的商业模式、运营方式和研发方向。

1月19日,由阿联酋哈利法科技大学马斯达尔学院创立的非营利实体——可持续生物能源研究联盟宣布,采用阿联酋本土产生物燃油的全球首架商业航班成功完成飞行,此架航班由装配通用GEnx-1B发动机的阿提哈德航空波音787机型执飞。

此架航班由阿布扎比飞往阿姆斯特丹,标志着为减少碳排放而开发的清洁可替代航空燃油技术取得重大突破。可持续航空燃油是从海蓬子属植物油提取而来的,此种植物种植于马斯达尔城内面积达2公顷的SEAS农场。在该农场养殖的鱼类和虾类为海蓬子属植物提供营养,同时也为阿联酋食品生产作出了贡献。与化石燃料相比,利用可持续原料来生产燃油显著降低了整个生命周期的二氧化碳排放。生物燃料可与航空燃料直接混合,无须对飞机、发动机或机场输油系统做任何更改。

利用现有炼油基础设施,此项独特计划也促进了油气行业的发展,并有可能成为未来可持续航空燃油非常重要的新选项。

阿布扎比国家石油公司炼油部门在该计划的实施过程中发挥了

根本性作用，其提供的技术专长和基础设施为有效提炼种子油，满足严格的航空燃油标准提供了保障。通过为此架飞机混合和输送生物燃油，旗下子公司阿布扎比国家石油运输公司也为该项目发挥了关键作用。

自 2011 年首批生物燃油获得商用认证以来，混合使用可持续燃油和传统航空燃油的客运航班约达 16 万架次。航空业的目标是到 2020 年遏制碳排放增长，到 2050 年将碳排放水平削减至 2005 年的一半，而可持续航空燃油为这些目标的实现提供了重要机会。

在中国，另一家国际能源公司也在为推动能源低碳化而努力。2019 年 1 月 30 日，英国石油公司（BP）首家全新品牌加油站亮相山东市场。新油站展现了 BP 全球最新的设计理念，也正式开启了 BP 在中国未来新增 1000 家站点的 5 年计划。

位于济南市槐荫区的新油站是 BP 首家在加油站内能够为电动车辆提供快速充电服务的品牌站点，并且通过参与 BP 碳中和项目，成为一家"碳中和"运营的加油站。

BP 表示，作为一家能源巨头公司，他们致力于创造低碳未来，旨在降低自身运营过程中的温室气体排放，同时提高其产品品质与服务水平，从而帮助客户减少温室气体排放，并不断打造新型低碳业务。

2019 年 8 月，路易达孚集团续签其在亚洲的 6.50 亿美元循环信用贷款，首次在亚洲项目中纳入了与可持续发展挂钩的定价机制。

该交易将取代此前3年的5.34亿美元循环信贷工具。

这一最新的亚洲循环信用贷款项目是路易达孚继5月宣布将其7.5亿美元的北美项目续期后，第二个与可持续发展相关的循环信贷项目。

与北美项目的定价机制相同，该亚洲循环信用贷款的利率将与路易达孚在二氧化碳排放、能耗、用水量和固体废物填埋四个领域的减排指标挂钩。

根据该协议，随着路易达孚不断提高其可持续发展绩效，循环信贷边际利率会逐年降低，相关验证审核工作将由独立审计机构进行。

路易达孚集团表示："这一进展与我们近期的北美项目共同反映了路易达孚的发展重点，在所有业务运营区域内凝聚合力，将可持续发展的目标应用于融资项目中。"

9月，阿联酋航空航食部宣布，已在其全球业务场所成功部署了一套先进的太阳能发电装置。预计该装置将为企业每年减少300万千克的温室气体排放。这是阿联酋航空航食部持续改善基础设施以提高资源效率的重要投资举措之一。

阿联酋航空航食部太阳能屋顶发电设备由8112块单个太阳能电池板组成，预计每年发电4195兆瓦时，可节省15%用于洗衣、航空食品制造和员工住宿设施的传统能源消耗。由此，阿联酋航空航食部的二氧化碳排放量每年将减少300万千克，相当于518户家庭的年用电量。

阿联酋航空公司表示:"阿联酋航空航食部的最新举措为提高资源效率提供了新机遇,并为迪拜致力于成为全球清洁能源和绿色经济核心的战略提供支持。"

11月,道达尔集团宣布设立道达尔碳中和投资基金。该基金将重点关注能减少碳排放和实现碳中和的领域,5年内基金总规模将达到4亿美元。该基金将投资初创企业开发创新科技和解决方案,助力企业降低能源消耗及减少运营中产生的碳排放强度。

道达尔碳中和投资基金将在欧洲和美国设立办公室和团队,在全球范围内甄选投资目标,重点投资领域包括智慧能源、能源储存、智能出行、生物塑料和回收利用。

道达尔风险投资公司现已投资35家创业公司。这些被投资的公司业务都直接或间接与减少碳排放和实现碳中和相关。

道达尔董事长兼首席执行官潘彦磊表示:"道达尔碳中和投资基金将全力支持我们成为负责任的大型能源企业的愿景。基金的设立将有助于我们将低碳业务版图拓展至公司以外。"

与此同时,苹果公司也在用行动告诉消费者什么是"变废为宝",什么是节能环保。

据报道,苹果公司正在开展一项"变废为宝"的尝试,未来的新iPhone可能是由你手中旧iPhone的零件组成。据悉,开展这一尝试是为了解决当前越来越严重的电子垃圾问题。根据全球电子垃圾监测机构（Global e-waste Monitor）的数据，2016年全球共产生电子垃圾4400万吨，相当于4500个埃菲尔铁塔的高度，电子垃圾管理正在变成一个日益困扰人们的问题。

虽然这是一个很有前景的举措，不过，这种采用旧零件做成的新手机能否被消费者接受，还有待观察；还有就是通过这种方式来减少电子垃圾，是一条漫长的道路，需要众多行业人士的共同努力。

提到引领低碳化的跨国公司，就不能不说微软。从2009年起，微软就开始采取一系列行动来减少公司的碳排放量，目标是到2030年将公司运营所带来的碳排放量减少75%。

2019年4月29日，微软宣布了新的内部碳税率，将加倍征收公司各运营部门的碳排放费用。为了让各业务部门都能从财务上承担起减少碳排放的责任，微软早在2012年就开始执行内部碳税政策。这些碳税收一方面将用于保持微软的碳中和状态；另一方面，将用来帮助微软把可持续发展融入微软业务和技术的核心，以"技术为先"的方式实现可持续发展。

为了实现这些目标，微软推出了以下四个方面的新举措。

第一，建设可持续发展的企业园区和数据中心。在位于华盛顿雷德蒙德的微软总部，正在新建17座大楼，面积总计250万平方英尺（约23万平方米）。在这些新楼及园区内的其他地方，将不再使用化石燃料，并实现100%的无碳用电。通过新的在线工具，将新大楼建筑材料的碳排放量减少至少15%，并朝着30%的目标努力。加上微软的智能楼宇技术，微软将成为第一个实现"零碳排放"和"零浪费"目标的大型企业园区。

早在2016年，微软就曾宣布要利用更多可再生能源为数据中心供电，目标是希望可再生能源利用率能在2018年年底前达到50%，并在下一个10年内达到60%，此后持续提高比例。值得一提的是，微软提前一年实现了第一个目标，并把下一个里程碑目标设定为到2023年实现70%的可再生能源利用率，并最终实现100%的目标。

微软还将发布新的由数据驱动的循环云计划，利用物联网、区块链和人工智能等前沿技术来监测包括服务器在内的数据中心资产的性能，并将数据中心资产的复用、转售和再循环利用操作流程化。

除了在节能减排方面的长期投入，微软还将加大对水资源的关注度，启动新的水资源补充战略。到2030年，微软在水资源紧缺地区的数据中心将使用水资源的替代资源来支持数据中心的运转。

第二，利用数据科学加快研究步伐。数据是全球向低碳未来转型的关键所在，可以帮助人类更好地了解地球的健康状况，包括空气、水、土地和野生动物的状况。然而，要想获得大量相关数据，并将其转换成可操作的人工智能，还是需要科技的帮助。面对这一挑战，微软在2017年发布了地球人工智能计划。此后还发布了两项新的API（应用程序接口）来帮助人们更广泛灵活地从大数据中获取信息，解决和可持续发展相关的问题。目前，230多名被授权人员正在利用微软的智能云平台Azure和人工智能技术创造新的模式，发掘新的洞见。

第三，帮助客户打造可持续解决方案。随着全球对可持续发展需求的增加，微软比以往任何时候都更紧密地与客户开展合作，利用数字技术和人工智能来应对可持续发展的挑战。

如何帮助客户打造可持续的解决方案已成为微软各部门日益关注的焦点。一直以来，微软都在利用新技术赋能客户和合作伙伴，帮助他们提高效率，重塑业务流程，开发属于自己的解决方案，从而推动地球以一种更加可持续的方式发展。

举例来说，艺康集团和沃旭能源利用微软智能云Azure、物联网和人工智能等技术有效提高了水资源保护的效率和可再生能源的利用率；世界领先的谷物加工商瑞士布勒公司致力于为20亿人口提供更加健康安全的日常食物。他们计划到2020年减少30%的粮食浪费，并将生产消费者食物所需的能源消耗降低30%；美国一家叫作西尔维亚地球的小型初创企业正在利用人工智能帮助人们更好地了解森林状况，以便更好地管理这些经济和环境资产。通过参与微软地球人工智能计划，他们已经成功搭建了国家级的森林数据库，实现了对每棵树木数据的精确管理。

这些公司的技术突破为实现未来经济的可持续增长提供了蓝图。

还有，微软与普华永道（英国分公司）联合开展的一项最新研究表明，加大跨行业运用人工智能的力度将有可能推动全球GDP到2030年增长4.4%，同时将全球温室气体排放量减少4%，相当于减少约24亿吨二氧化碳的排放量。这一数字等同于澳大利亚、加拿大和日本2030年预计二氧化碳排放量的总和。

第四，倡导改变环境政策。微软除了提出内部碳税的相关举措，还支持华盛顿州最近关于碳定价的投票方案。微软认为应该积极展开关于碳定价的讨论，从经济角度出发制订健全的方案推进减排。

垃圾处理成热点

根据世界银行预测，到2050年，全球垃圾年产量将较2016年增长70%。其中，食品垃圾仍占最大比例，但电子商务的兴起导致纸壳和其他包装垃圾的体量呈指数级增长。

人们对全球垃圾危机的认识不断上升，也正努力创造一个更有效减少、再利用和回收垃圾的循环经济。科尔尼全球商业政策委员会（GBPC）预测，垃圾处理方式的创新步伐将进一步加快。

在发达国家，随着对AI、机器人技术的投资力度增加，有望实现按垃圾材料类型的分拣，从而将大幅提高效率，降低成本，并创造更多的回收再利用机会。

下面我们看一下一些著名的跨国公司在2019年对于垃圾处理方式的创新。

2019年1月28日，近30家来自全球跨塑料价值链的公司在伦敦共同成立以消灭环境中的塑料废物为使命的新国际联盟（AEPW），联盟创始成员包括来自化工、塑料、消费品和废弃物处理行业的约30家企业。

这些企业以开发并实施解决方案为目的，最大限度地减少和管理塑料废物，并推动包括重用、回收和循环再造的解决方案。AEPW联盟已投入逾10亿美元，并决定在未来5年内再投入15亿美元。目前，联盟已公布了消灭塑料废物系列解决方案中的首批项目与合作。

AEPW联盟制定了一个全球的愿景和一个涵盖四个关键领域的全面综合战略：(1)通过基础设施建设收集和管理废物，并增加回收利用；(2)通过创新推进新技术使其规模化，使回收利用塑料更容易，并从所有使用后的塑料中创造价值；(3)通过政府、企业和社区的教育和参与动员大家行动；(4)清理环境中已存在的塑料废物集中区，特别是河流等主要废物渠道。

4月8日，亚洲开发银行（亚行）与上海康恒环境股份有限公司（康恒环境）签署1亿美元贷款协议，为中国低碳静脉产业园内具有创新性和社会包容性的垃圾焚烧发电设施融资。

此项目是亚行在华投资的第一个生态产业园垃圾焚烧发电项目。

此项目将利用领跑市场的焚烧和烟气处理技术，以可持续的方式处理城市固体废弃物，为电网提供清洁电力，并有望向园内其他不同类型废弃物处理设施输出电力和蒸汽。亚行向康恒环境提供的贷款将扩大低碳循环经济，通过城市固体废弃物综合治理系统使城市更宜居。

项目还通过增强可再生能源发电能力和减少垃圾填埋场产生的甲烷排放，减缓气候变化。

此项目下资助的设施将采用最先进的清洁焚烧技术，日处理城市固体废弃物约 4800 吨。总体而言，垃圾焚烧发电设施每年将处理城市固体废弃物 175 万吨，生产 437.5 千兆瓦时的清洁能源，减少碳排放约 117 万吨。

为努力拯救地球，多个机场和航空公司采取了一系列可持续措施，包括减少一次性塑料制品的使用，让可重复使用的水瓶成为必不可少的旅游设施。

2019 年，旧金山国际机场推出了一项雄心勃勃的零废物特许计划，旨在大幅减少机场一次性塑料的使用量。值得注意的是，2018 年，该机场售出了近 400 万个慢降解塑料水瓶；2019 年 8 月，该机场成为全国第一个禁售一次性塑料水瓶的机场。

瓶装汽水、茶和果汁目前不受此政策限制。瓶装水仍在销售，但只能以可回收铝或玻璃制成的经批准的包装，或可堆肥的包装出售。

2019年4月22日,阿提哈德航空成为首家运营无一次性塑料航班的航空公司。EY484航班于4月21日从阿布扎比起飞,并于世界地球日——4月22日抵达布里斯班。到2019年年底,阿提哈德航空从机上服务中减少100吨一次性塑料制品,并保证到2022年年底将航班运营和整个组织中的一次性塑料使用量减少80%。

阿提哈德在机舱中共识别了超过95种一次性塑料制品,并将其中大部分替换成了环保替代品。通过在机上淘汰这些一次性塑料制品,阿提哈德避免了超过50千克的塑料被填埋。作为可持续发展承诺的一部分,阿提哈德航空还将与阿布扎比环境局合作发起海洋环境清理等计划,以确保环境的可持续性。

同样在这一领域有所作为的航空公司还有阿联酋航空。该公司一直致力于推广各种可持续发展长期计划,2019年,其进一步在全球航线网络内减少机上一次性塑料制品的使用,开始采用环保的纸质吸管,除了塑料吸管,塑料调酒棒和搅拌器也在2019年年底全部由环保替代品取代。

阿联酋航空已经在航班上试行了多项机上回收计划,机组成员也会就其他环保想法不断为公司提供反馈和建议。据预计,从2019年8月起,用于机上零售购物的塑料袋被纸袋代替。这些措施的实施,每年将减少约8170万件一次性塑料制品的使用。

源自一位机组人员的建议,对大塑料瓶进行分类处理已成为阿联酋航空公司长期愿景的一部分,以便在迪拜和世界其他地方予以回收利用。据估计，这一举措将使得每月有大概3吨或15万个塑料瓶在迪拜免于垃圾填埋。

垃圾处理成为全球关注热点，非洲国家也开始积极行动。据美国有线电视新闻网报道，在南非，人们用回收的塑料奶瓶来筑路，希望借此帮助该国解决垃圾问题，改善道路质量。

在南非东海岸的夸祖鲁—纳塔尔省，Shisalanga建设公司是南非首家铺设塑料路面的公司。该公司称，通过把瓶子变成道路，它正在为废弃塑料创造一个新的市场，让它的回收厂伙伴从全国的垃圾场中得到更多。据南非公路联合会估计，路面坑洼每年给南非道路使用者造成的车辆维修和人身伤害损失高达34亿美元，此外，还造成货运损失。现在，南非已在德班郊区的克利夫代尔重新铺设了400多米的道路，使用的沥青相当于4万个回收的2升塑料牛奶瓶。

9月，百事公司宣布新目标，即在2025年前减少其饮料产品包装中35%的原生塑料使用量，相当于累计减少250万吨原生塑料。该目标的推进动力主要来自百事公司饮料产品中增加使用再生成分和可替换的包装材料。

百事公司的可持续塑料愿景由三大支柱组成：减少塑料使用量，提高循环再利用率，重塑塑料包装。

这次的百事公司声明是建立在其之前宣布的包装目标基础之上，即到2025年前百事公司的包装实现100%可回收，可以制作成肥料或可降解，同时实现在其产品塑料包装中再生塑料使用率达25%。

百事公司已是世界再生塑料的最大买家之一，此次宣布的目标是以 2018 年为基线制定的。在 2018 年，百事公司原生塑料的使用总量是 220 万吨。

在可持续发展方面，除了增强意识之外，增强可持续发展能力也很重要。

科思创是 AEPW 联盟的创始成员，已与众多塑料行业合作伙伴和国际组织合作，通过一系列行动防止塑料废弃物流入水道和自然环境。然而，科思创认为再循环利用不应只局限于塑料废弃物的处置，而应当贯穿整个价值链。例如，在原材料选择方面，利用二氧化碳和生物等替代物进行生产，不仅可以形成碳循环利用的"闭环"，也可以节省原油等化石资源。科思创已开发出一项使用二氧化碳生产塑料原材料的创新工艺，相关产品已面市。

科思创还携手同济大学，于 2019 年 8 月启动首届"未来城市"应用设计大赛，以鼓励年青一代积极探索解决方案，应对城市发展需求。

该项赛事也是科思创"未来城市"倡议的一部分，该全球倡议旨在呼吁公众关注城市发展，共同开创精彩世界。参赛者将使用科思创材料构建未来城市模型，并将物联网概念应用到未来家居。

作为科思创"未来城市"全球倡议的一部分，此次上海大赛将成为系列竞赛的第一站，其产生的创新成果也有望为其他科思创"未来城市"相关项目和活动提供灵感。

与上述倡议目标相同，全球公益组织明德路基金会于 2019 年 9 月 25 日宣布，将投入 3 亿美元，致力于一项以企业为核心的、旨在终结全球塑料垃圾的新倡议——"预见未来之海"。该倡议预计每年将筹集超过 200 亿美元，用于全球塑料的回收、循环利用和环境修复。

"预见未来之海"倡议将通过对化石燃料生产的塑料自愿支付捐款，使化石燃料塑料附加更高的价值。

当该倡议在纽约联合国总部发起时，各国政府、非政府组织和大型企业都表示支持这一倡议。

目前，遏制全球塑料垃圾增加的努力是脱节和不足的。最乐观的估计，塑料每年给人类造成的环境和社会损失超过 2.2 万亿美元。所以上述这些倡议的提出正当时，必将为未来的变废为宝作出贡献。

推动环保，哪家快？

跨国公司推动低碳化已经成为一种潮流，除了通过其商业模式和业务开发推动低碳化，还通过对政府部门、社会机构的游说或与之合作助力低碳环保。

2019 年 6 月，据美国有线电视新闻网报道，由 100 多家公司、投资者和游说团体组成的团体向英国前首相特里莎·梅发出一封公开信，要求这位即将离任的领导人"留下清洁增长的遗产"，并通过立法，承诺到2050年将英国的碳排放量削减至零。

信中要求特里莎·梅采纳气候变化委员会提出的建议。该委员会是政府为应对气候变化而设立的独立机构。该委员会表示，为了成为一个碳净零排放的国家，政府需要制订计划，清理英国的供暖系统，为碳捕捉和存储技术提供基础设施，并启动大规模的氢动力试验。

该协议由西门子、联合利华、壳牌和雀巢等多家跨国公司签署。各企业领导人在信中表示："我们看到气候变化对我们的企业和投资构成的威胁，以及对新低碳产品和服务开发的先行者所带来的重大经济机遇。"

美国企业也在低碳环保方面有所行动。2019年7月，陶氏公司和美国绿色建筑委员会宣布"碳排挑战"活动，力求通过鼓励减少各建筑的运营碳足迹来解决日益严峻的建筑环境问题。

在接下来的40年里，预计全球新建筑面积将达到2300亿平方米。由于都市化对建筑业提出了要求，因此改进建设和开发的规划与执行流程成为可持续发展问题的关键一环。在建筑环境价值链中，建筑师、建筑商、城市规划师、开发商等在创建高性能弹性建筑和社区的每一步时都面临着挑战。

陶氏公司表示，"建立合作之后，我们的目标是利用合作伙伴的

跨国布局

关系和独特的专业知识直面这一挑战，同时帮助行业使用最具可持续性的解决方案"。

该挑战活动面向中国、日本和韩国面积达 2 万平方米及以上的办公建筑与购物中心展开，所有数据均将经过美国绿色建筑委员会的系统验证。

9 月，随着数项低碳减排计划的提交，欧洲首个以生活垃圾和商业固体废物为原料的可持续燃料加工厂即将开工建设。这座拟建工厂技术先进，每年消耗 50 万吨餐盒、尿布和外卖咖啡杯等不可回收日常生活垃圾和商业固体废物。这些垃圾和废物以前只能填埋或焚烧，现在则可以将其转化为更为清洁的可持续航空燃料。

英国航空拟购买该工厂生产的燃料，供本公司飞机使用。这是英国航空推出的一项重要举措，旨在从 2020 年起将碳排放水平降至碳中和增长的行业目标；2050 年将碳排放水平在 2005 年基础上减半。

这种燃料使飞机发动机废气中的烟灰最高可减少 90%，硫氧化物减少近 100%；与焚烧或垃圾填埋相比，该项技术将降低英国境内垃圾废物处理产生的碳排放。

2019 年 10 月，科迪华农业科技宣布出资 50 万美元，创立名为"科迪华农业科技气候正效益挑战"的激励计划，以表彰和传播农户在维持农场发展的同时为环保减排所进行的成功实践，推动气候正效益型农业的发展。

该计划有望在 2020 年全面启动，以激励农户积极开展气候正效益型、以农业实践为目标的活动。在提供经济支持之外，还将有效促进相关农户与当地环保团体、大学和其他种植者等产业链环节的合作，传播创新实践经验。一直以来，科迪华都在致力于为农户打造市场化的金融性激励机制。其子公司 Granular 目前正与世界领先的二氧化碳减排交易平台 Nori 公司展开合作。该平台联结着大量希望减少碳足迹的买家与实践着可持续性农业的农户，并创造了一个活跃且具备盈利能力的碳信贷市场。

12 月，宜家集团表示，将投资 2 亿欧元（约 2.2 亿美元），加速向"积极的气候业务"转型。该集团在一份声明中表示，这笔资金将集中用于两个领域：一是投资"旨在通过重新造林和负责任的森林管理消除和储存碳的计划"；二是在供应链中使用可再生能源。

宜家集团首席执行官托比约恩·洛夫表示："我们的目标是到 2030 年减少的温室气体排放量的绝对值超过宜家整个价值链的排放量，同时发展宜家的业务。"

新能源汽车加速跑

如果要评选可持续发展理念对于全球重要产业的影响，汽车行业的电动化一定会入选其中。

跨国布局

2019年2月,荷兰皇家壳牌公司宣布,它收购了一家德国初创公司Sonnen。该公司生产用于存储太阳能电池板产生的能量住宅电池系统。此举使壳牌与三星、LG和特斯拉等公司展开直接竞争,可以生产称为能量墙的家用电池系统。

壳牌表示,此次收购是新能源战略的一部分。该战略旨在平衡不断增长的能源消耗和减少碳排放的需要。这家石油公司计划每年在可持续能源领域的商业机会上花费20亿美元。据了解,该公司于2018年5月首次投资Sonnen,当时参与了6000万欧元的融资轮。

面对新能源汽车不可阻挡的发展态势,全球几大著名车企纷纷掉转航向,把新能源汽车的研发和生产作为公司发展战略的重点。

2019年2月28日,保时捷中国发布公司2018年业绩显示,保时捷中国市场凭借80108台新车交付,连续4年成为保时捷全球最大单一市场,同比增长12%。

保时捷宣布,未来10年,将采取三管齐下的产品策略,产品组合涵盖优化的燃油车、插电式混合动力车和纯电动跑车。首款纯电动跑车Taycan计划于2019年全球首发,并在2020年引入中国市场。

"中国是全球最大的新能源汽车市场,中国政府也大力支持新能源车的发展。保时捷将全面推进电动化战略。"保时捷中国总裁及首席执行官严博禹表示,保时捷将全面满足客户需求,在配套设施建设上,提供完善的服务。据了解,到2022年,保时捷在电气化领域的投资将逾60亿欧元；到2025年，50%的保时捷新车将是新能源车型。

3月，大众集团首席执行官迪斯表示，大众集团将把重点放在发展电动车上，未来5年计划投资300亿欧元，未来10年计划生产2200万辆纯电动车。到2028年，大众将推出约70款新型电动车。为此，大众集团将把位于德国茨维考、埃姆登、汉诺威的工厂改造为纯电动车工厂，中国的安亭和佛山工厂也将进行转型。此外，2022年大众将开始在北美工厂生产电动车。

2019年，对于丰田汽车来说是加快推进电动化战略的一年。4月，丰田宣布无偿提供20多年研发积累的23740项电动化技术专利，希望以此为契机，促进全世界的电动车研发与市场投入，为削减二氧化碳排放、控制全球气候变暖作出贡献。

在2019年6月5日至11日举行的2019重庆国际汽车展览会上，丰田又重点展出了体现丰田全方位环境技术的卡罗拉、雷凌混合动力车和外插充电式混合动力车。这些车运用了丰田外插充电式混合动力车系统以及经过全球100个国家和地区1300万辆电动化汽车实际历练的混合动力技术。

从产品阵营的扩充，到技术专利的开放，丰田正以多种举措并进的方式，切实推进电动化技术及车型普及。据悉，到2025年丰田将在中国市场投入10款电动新车型。

丰田表示，将与日本的斯巴鲁合作，建立一个专门生产纯电

跨国布局

动汽车的平台。两家公司在一份声明中表示，该行业正在经历一场"深刻的变革"，这种变革每 100 年才会发生一次，并声明："斯巴鲁和丰田都被要求以前所未有的速度进行技术开发。"这家全球第二大汽车制造商将电动汽车占总销量约 50% 的目标提前了 5 年。与斯巴鲁的合作可能有助于丰田实现其新目标，即到 2025 年将混合动力或电动汽车的年销量大幅提高至 550 万辆。而之前的目标是 2030 年。

为确保有足够的电池提供给这些电动汽车，丰田还宣布，已同意与 5 家新的电池供应商合作。其中 3 家电池供应商是日本公司，而另外两家宁德时代和比亚迪则来自中国。

在进军新能源汽车市场方面，本田汽车也动作不断。2019 年 9 月，本田汽车宣布，计划到 2021 年在欧洲停止销售柴油车，以及在 2025 年将实现欧洲新售车型的全面电动化。本田表示，柴油车需求减弱和越发严格的减排规定是做出该计划的主要原因。

面对新能源这么一个新兴且前景广阔的产业，谁不想来分一杯羹！

埃赫曼集团是世界最大的特殊钢、锰合金、镍合金的生产厂家，前面讲了巴斯夫是化工企业，苏伊士是一家国际化的工业和服务集团，致力于在能源和环境方面提供解决方案，然而这三家大公司将与欧盟创建的 EIT 原材料组织共同出资 470 万欧元，投入由这三家公司创建的"ReLieVe"电动汽车锂离子电池回收项目。

该项目旨在开发一种创新的闭环工艺，从电动汽车中回收锂离子电池，并利用回收的电池材料在欧洲生产新的锂离子电池。

自 2020 年 1 月起的两年时间里，ReLieVe 项目将开展一系列关于这一创新工艺的研究和开发活动，以此构建一个整合的工业领域：从报废电池的收集和拆卸到回收再利用，再到新电极材料的制造。

欧洲锂离子电池回收能力的开发，将有助于应对未来几年内欧洲电动汽车市场的强劲增长，并为欧洲能源转型所需的原材料供应提供保障。此外，通过减少原材料消耗，这一良性循环工艺将支持欧洲更好地应对来自可持续绩效领域的重要挑战。

12 月，通用汽车一位高管表示，该公司预计，到 2030 年，其在全球销售的凯迪拉克轿车和运动型多功能车中，大部分将是纯电动汽车。

凯迪拉克总裁卡莱尔则表示，该品牌将根据市场需求逐步淘汰现有的内燃机车型。他预计，该品牌的电动汽车将在 21 世纪 20 年代中期出现拐点。预计凯迪拉克最早将于 2021 年在中国推出首款全电动汽车，美国紧随其后，通用汽车计划到 2023 年在全球推出 20 款全新的全电动汽车。

前面已经讲到博世在新能源创新中紧跟趋势，持续发力电动车技术领域，而且精耕细作，希望将产品做到极致，这完全符合德国企业的性格。2019 年 10 月，博世表示，其最新研发的新型碳化硅（SiC）微芯片将助力电动车实现质的飞跃。未来，由这种非常规材料制成的芯片将引领电动车和混合动力汽车的控制系统,即功率电子器件的发展。

与目前使用的硅芯片相比,碳化硅具有更好的导电性,在实现更高开关频率的同时,保持更低的热损耗。碳化硅半导体为电机提供更多动力。对于驾驶员来说,这意味着车辆续航里程能够增加 6%。

位于德国斯图加特以南 25 英里的博世罗伊特林根工厂将生产这一新型半导体芯片。凭借碳化硅技术,博世正在系统性地拓展其在半导体产业上的专业技能。博世未来将在自制功率电子器件中使用碳化硅芯片。博世在德累斯顿晶圆厂将投资约 10 亿欧元。这是博世历史上总额最大的单笔投资。德累斯顿晶圆厂的无尘车间目前正在安装相应设施。

自动驾驶也被认为是伴随电动汽车发展的一大技术方向。2019 年 9 月,现代汽车宣布,计划投资 20 亿美元,与总部位于爱尔兰的 Aptiv 组建一家合资公司,开发自动驾驶技术,这是现代公司迄今为止在这一领域进行的最大一笔海外投资。

当然,推行环保技术的不仅是汽车行业、邮轮和飞机领域,其他的行业也在努力。

歌诗达第一艘液化天然气驱动邮轮 Smeralda 号于 12 月交付。该船应用了海洋工业中先进的燃料技术,体现了歌诗达邮轮大力推行的环保创新计划,旨在降低邮轮对环境的影响。除了使用液化天然气作为动力这一重大创新外，歌诗达 Smeralda 号还采用了一系列旨在进一步减少环境影响的尖端技术革新。

得益于船舶的海水淡化系统，歌诗达 Smeralda 号每天只需直接从大海中获取需要的水量，便可满足船上所需；通过使用 LED 灯，可将发动机产生的热量回收，从而将能耗降至最低。船体的特殊形状亦可减少水中阻力，而新一代电梯则可通过将电力重新引入电力系统来回收能量。

歌诗达邮轮集团投资超过 60 亿欧元，积极开展船队扩张计划，预计在 2023 年前交付 7 艘新船，其中 5 艘为液化天然气驱动船只。

罗尔斯—罗伊斯也于 2019 年 12 月推出全新电动飞机，在打造全球最快全电动飞机的道路上迈出重要一步。罗尔斯—罗伊斯已开始集成开创性电动推进系统，力求到 2020 年春末让这架零排放飞机以超过 300 英里/小时（480 千米/小时）的目标时速创下全电动飞行速度世界纪录。

这架飞机是罗尔斯—罗伊斯"加速飞行电气化"项目的一部分，也是其倡导电气化战略的关键。

该项目涉及很多合作伙伴，英国航空技术研究所，以及英国商业、能源及产业策略部和英国创新署共同为该项目提供一半的资金。罗尔斯—罗伊斯还推出了以飞机电动推进技术命名的 ionBird 测试架，将在推进系统全面集成到飞机之前对其进行测试。拟于今后开展的测试包括推进系统全功率试车，以及关键的适航性检查等。

跨国布局

新品主打健康生活

"健康生活",是当下的高频词汇。公众对于健康生活的追求,也驱使着企业和市场不断做出改变。

首先对这一潮流响应的是食品相关行业。

如今,像汉堡这样的传统"垃圾食品",也在努力顺应潮流,尝试坐上健康生活的快车。

据美国有线电视新闻网报道,麦当劳在其最大国际市场之一的德国推出了一款素食汉堡——Big Vegan TS,距离完全加入无肉汉堡行列又近了一步。据悉,雀巢公司为麦当劳批量生产这种无肉汉堡。

麦当劳一直慢慢地在菜单上增加无肉选项。两年前,该公司宣布在芬兰和瑞典推出一种用大豆肉饼制作的"麦素"汉堡。麦当劳与挪威食品集团 Orkla 合作推出了这款早期产品。同时,麦当劳还根据当地需求,在一些菜单上提供纯素食汉堡。一名麦当劳公司的代表说,"市场决定什么对他们的客户是最好的","在德国推出大型素食餐厅是最新的例子"。

植物肉产品开始兴起。据路透社报道,中国的肉类替代品行业 2019 年突然变火,初创公司、传统食品企业纷纷跟风押注其中。美国两家"植物肉"制造商——"不可能食品"公司和"超越肉类"公司也因此盯上了中国市场,"素肉"市场包括用来代替肉的"植物肉"产品。

中国"珍肉""齐善食品"等品牌公司也在推出系列产品。与美国企业不同,中国企业不做汉堡,而是主打本土美食,比如,饺子、肉丸等,选择中国人喜爱的猪肉而非牛肉风味。对此,"不可能食品"公司表示,其汉堡产品将会改良以适合中国人味蕾。"超越肉类"公司也表示,计划专门给中国市场定制豌豆肉馅,以制作饺子等。

数据显示,中国"素肉"市场自2014年以来已增长33.5%,2019年达到97亿美元,预计到2023年该市场的规模将达到119亿美元。路透社称,要想在中国市场取得成功,美国企业必须开发生产系统,建立供应链,比如,建立能够运输冷冻产品的冷藏运输系统等。

要吃得放心,就要追溯到食品源头。如今,农业领域的创新正朝着帮助食品更健康的方向努力。

2019年5月,先正达集团和大自然保护协会宣布,双方将开展新一轮战略合作。为期3年的合作将在全球主要农业地区专注于土壤健康、农业资源使用效率和栖息地的保护。

该合作依托先正达的技术实力和大自然保护协会生态保护的专业能力,把环境保护与可持续发展结合起来,更好地融入企业商业

跨国布局

策略中。

先正达邀请大自然保护协会帮助其重新评估商业策略，将可持续发展的理念和环境保护科学思想纳入决策的过程中，并以环境友好的可持续农业生产方式与各地农民开展合作。

通过此次合作，双方将积极探索具有创新性的精准农业解决方案，包括病虫害综合防治、空间遥感和科学分析技术，以及品种选育等其他可持续农业新技术等。

在中国，双方首个合作项目位于河北省，主要聚焦以土壤健康为基础的该地区主要农作物——马铃薯种植。

2019年1月13日，星巴克在印度尼西亚巴厘岛开业的德瓦塔咖啡馆不仅是一家咖啡店，更是一个拥有1000平方英尺的咖啡农场和一个苗圃供顾客在那里播种的实体体验场。人们可以参加咖啡品尝和准备课程，并通过互动数字墙参与虚拟种植过程。

该门店是星巴克咖啡连锁具有代表性的高档版专卖店。它们是该公司推出的高端战略的一部分，为客户提供星巴克独特的动手体验。

首席执行官凯文约翰逊在一份声明中表示，巴厘岛店是"一个展示高品位星巴克咖啡专卖和零售体验的目的地"，并称之为别具一格的星巴克"感官体验馆"。

庞大的中国市场是外企特别青睐的目标。

中国人特别喜欢过节，节日名目也是翻陈出新，跨国公司抓住中国传统节日的时机来进行场景营销，是在华外资企业，特别是食品行业外企获取中国消费者认可的重要途径之一。

努力给自己的产品打上中国标签以吸引中国消费者的企业有很多，比如，恒天然。火锅是享誉世界的中国传统美食，恒天然是占全球乳品贸易市场 1/3 份额的乳业巨头。二者看似风马牛不相及，但却擦出了"火花"。

2019 年 5 月 28—31 日，2019 中国火锅产业发展大会举行，吸引众多火锅行业重要企业参会。"芝士虾滑、黄油锅底、芝士豆腐、拉丝油条"，是不是光听这些名字就觉得脑洞大开呢？恒天然旗下品牌"安佳专业乳品专业伙伴"就带着这些中西融合创新菜品亮相此次会场。

恒天然对火锅行业情有独钟不无道理。盘点近年来中式餐饮市场，火锅的表现堪称一大亮点。它不仅是中餐第一大菜系品类，其增速也在 2018 年实现了 11%，领跑整体餐饮行业。恒天然也希望通过此次火锅产业大会的平台吸引更多火锅品牌青睐。

恒天然餐饮服务部副总裁阮建华表示，一方面，在餐饮消费人群中，年青一代已成为新的主力，他们对于食品的品质与颜值要求可谓是缺一不可；另一方面，年青一代的味蕾不再完全拘泥于中餐，而是追求更加多样化、个性化的餐品。一些好吃、好看并有原料保证的中西融合产品恰恰满足了年青一代的需求。

第五章

研究中国 "窥" 得先机

国际管理咨询公司及行业领军企业定期发布的诸如市场调查、价格预测、企业诊断、盈亏分析、销售市场分析等调查、研究报告等能让你对全球经济管中窥豹,感知经济冷暖。

对企业而言,如何进行市场竞争,保持优势?如何找出新的利润增长点?如何不断地为客户增加价值?这些问题关系到企业未来发展。这些调查研究报告不仅为企业制定战略决策、改善经营、切实解决相关问题等提供颇具价值的参考,也往往成为企业经营者把握行业动态及变化,了解经济发展趋势的重要依据。

第五章　研究中国　"窥"得先机

透视中国发展

当前，中国已发展成为世界第二大经济体，中国参与国际经贸合作、交流交往领域越来越多，程度不断加深，机制不断创新。中国在世界的影响力也随之逐步增强。研究中国所形成的调研报告等，成为了解中国、分享中国经验、汲取中国智慧和寻求中国机遇的一扇窗口。

2019年1月，亚洲开发银行（亚行）发布报告分享中国城市应对气候变化最佳实践。该报告显示，中国创新的气候解决方案表明，城市有望实现低碳和气候适应型增长。

这份名为《来自中华人民共和国50座城市的气候解决方案：城市应对气候变化的最佳实践》的报告重点介绍了中国城市在积极采取更可持续和气候适应型增长方式方面的案例研究。

这些解决方案包括减少能耗、改善废弃物管理、扩大绿地，以及引入清洁燃料汽车和公共交通等。

该报告是亚行支持中国政府应对气候变化并展示其在低碳城市发展方面创新成果的一部分，其中还包含亚行及其他机构所资助项目的详情。亚行承诺在2019—2030年提供800亿美元资金，帮助亚太地区应对气候变化，同时确保其承诺业务中至少有75%支持减缓和适应气候变化。

埃森哲是全球最大的上市咨询公司,它 2019 年 1 月发布的调研报告《重塑关联度》显示,有 77% 的受访中国消费者使用智能语音助手,为全球最高。该报告称,独立语音助理(或称智能扬声器)是采用速度最快的技术之一,在中国消费者中的满意度达 97%。

埃森哲的这份报告指出,智能语音助手正在颠覆消费者技术和服务生态系统,全球 93% 的消费者希望智能电视或计算机等设备能够轻松实现与独立智能语音助手的集成。

埃森哲大中华区电子及高科技行业董事总经理余鸿彪表示:"语音助手技术的发展蒸蒸日上,消费者满意度不断提高,便捷的产品与合理的定价推动了该类设备的广泛应用。然而,维系消费者的忠诚度要求企业与时俱进,不断了解用户需求,建立并保持与消费者良好的信任关系。"

据悉,该报告面向全球 21 个国家 2.25 万名消费者开展在线调研。

据全球招聘专家瀚纳仕 5 月发布的《中国生命科学行业人才报告》(简称《报告》)显示,中国生命科学行业的飞速发展及企业的扩张已超过相关专业人才的供应。其中肿瘤药物及疗法研发人员、医药研发合同外包服务机构(CRO)人员和产品市场经理最为紧缺。

该《报告》指出,中国企业越来越多地将目光投向在国外工作过的中国生命科学人才。

海归人才因其跨文化意识和思想多元性而广受欢迎。大部分雇主都愿意提供优厚的薪资待遇来吸引这些人才。

尽管每年有大量生命科学专业毕业生和海归人才回流，但预计在未来3到5年内，专业人才的供给仍跟不上行业发展的脚步。研发人才的短缺，尤其是在新兴的精准医疗领域会愈加明显。

瀚纳仕大中华区执行总监兰熙蒙说："因此海归人才的薪资将明显高于市场平均水平，短缺严重的人才会获得约20%的加薪、更好的工作条件和职业发展机会。"

同月，安永发布《中国上市银行2018年回顾及未来展望》报告显示，得益于利息净收入的增长，上市银行在2018年度的净利润持续增长。

本次调研所涵盖的47家中国上市银行实现净利润合计16272亿元，比2017年度增长5.21%，增速与2017年度持平。但不同类型银行的净利润增速出现明显分化，大型商业银行和全国性股份制银行净利润增速继续上升，城商行和农商行的增速则较2017年下降。

与此同时，安永还发布《实施新金融工具准则对中国上市银行的影响分析》，解读新金融工具准则对于中国上市银行的财务影响，尤其是实施预期信用损失模型对于银行的财务冲击。

实施新金融工具准则的上市银行贷款减值准备增加，同时以公允价值计量的金融资产比重上升。

跨国公司是经济全球化的有力推动者，是推动构建开放型世界经济的重要力量。而"一带一路"倡议为跨国企业与中国本土企业共同开展第三方市场合作提供了重要平台。正如2019年6月毕马威中国发布的报告所指出，国际私有资本有意愿参与"一带一路"沿线国家的基础设施建设运营，并具备能力和经验帮助中国和沿线国家政府推进基础设施互联互通。而中国企业也亟须与国际私有资本合作，仅靠中国一方的金融资源难以完全满足"一带一路"沿线国家基础设施投资的巨大需求。

在第十届国际基础设施投资与建设高峰论坛上，毕马威中国发布《共绘"一带一路"工笔画——吸引国际私有资本参与沿线国家基础设施建设》的研究报告。此报告是毕马威与国家发展改革委市场与价格研究所和中国对外承包工程商会联合撰写的，其核心建议是：中外政府、企业、国际多边组织和中外专业机构需通过合作来加强制度能力建设，构建风险管控系统和能力、创新和拓宽融资渠道、建立有效的政企合作平台来推动"一带一路"倡议的融资和实施，从而构建有助于吸引国际私有资本参与沿线国家的基础设施建设运营的市场机制。

8月，国际战略管理咨询公司欧晰析与Kr8联合发布《消费品与零售行业企业创新投资》的调查报告，探讨在中国消费品与零售行业的创新投资的主要趋势。

这份报告分享了企业在不同阶段可以采用的创新投资的不同模式。该报告指出有4个值得关注的投资主题：品质与便捷，健康与运动，年轻与潮流，以及以提升零售效率为主的科技投资。

欧晰析对全球和中国大型企业的投资决策进行了调查，发现中国企业的核心部门投资主要集中在"品质和便捷"，其次是提高运营和零售效率的科技投资。

该报告还确定了领先跨国公司在创新投资早期阶段通常采用下面的四种不同模式：企业创投、企业孵化器/加速器、开放式创新实验室/工厂、创新平台。这四种模式中，企业创投和开放式创新实验室/工厂现已成为全球领先的零售和消费品公司最常用的选择。

12月，欧晰析发布2019年《全球汽车颠覆时速表》报告，认为中国正在向创新汽车概念跨越，94%的中国消费者在下一次换车前将考虑购买电动汽车或混合动力汽车，66%将考虑采用移动替代方案而非自行购车。

随着中国人传统上对汽车所有权的依赖逐步减弱，加之城市车辆的高成本/限购影响，欧晰析调查发现有相当一部分中国消费者的解决方案持开放态度。

这些灵活趋势无疑将为汽车产业价值链中的不同参与者带来崭新的风险和机遇。打造和销售新的驾驶"捆绑式服务"将是未来的发展方向，其中的服务组合和附加服务将与汽车本身同等重要。

该报告还确定了市场对电动汽车和混合动力汽车的需求,全球超过 50% 的消费者预计会在他们下一次更换汽车时考虑购买新能源汽车。

"中国是最大的 5G 市场。"瑞典爱立信公司于 2019 年 10 月发布 2019 财年第三季度财报时表示,基于对包括 5G 在内的科技领先业务的投资战略,爱立信的业务前景依旧强势,中国是最大的 5G 基础设施市场,公司已投资增加市场份额,预计在合同期限内将会有正利润。

财报显示,该公司第三季度营收为 571 亿瑞典克朗(约折合人民币 413 亿元),同比增长 6%;净亏损为 69 亿瑞典克朗(约折合人民币 50 亿元),同比转亏。

虽然季度财务转亏,但爱立信仍将其 2020 年的运营利润率目标保持在 10% 以上。爱立信总裁兼首席执行官鲍毅康对此持乐观态度。在他看来,目前亏损仅限于一些合同带来的短期压力,以及 5G 新产品最初较高的成本水平。

此前,爱立信投资 5 亿瑞典克朗的南京自动化智能工厂已正式投入运行。2019 年 10 月,爱立信宣布收购德国凯士林公司天线和滤波器业务,扩大其无线系统产品组合,提升其在 5G 设备市场的整体竞争力。爱立信中国区总裁赵钧陶表示,爱立信希望在接下来的 5G 巨大机会中,能够继续从中国市场受益,也希望能够继续为中国市场作出更大贡献。

第五章　研究中国 "窥" 得先机

观测投资潜力

在单边主义和贸易保护主义的冲击下，2019年全球经济和贸易面临着不断下行的压力。2019年，国际货币基金组织四次下调全球经济的增长率，从年初预测的3.9%，下调到10月中旬预测2019年全球经济增长只有3%。联合国贸易和发展会议发布的《2019年世界投资报告》称，2018年，全球外国直接投资下降13%，至1.3万亿美元，连续3年下滑，降至自国际金融危机（2008年）以来的最低水平，但中国等亚洲国家和地区的外国直接投资逆势增长，前景依然光明。

6月，亚洲开发银行（亚行）最新一期《亚洲债券监测》指出，尽管面临贸易冲突和全球增速放缓，但2019年第一季度，新兴东亚地区的本币债券市场规模在持续扩大。

根据该季度报告，住房债券和绿色债券是未来潜在增长领域。

亚行首席经济学家泽田康幸提出，该地区的债券市场保持坚挺，但仍有下行风险。"然而，我们能看到，住房债券有潜力为因城镇化而不断增长的住房需求融资，而绿色债券则可为清洁能源和其他气候友好型项目提供资金。"他说。

截至3月底，新兴东亚地区未清偿本币债券达15万亿美元。与

跨国布局

此同时，政府债券发行力度加大之后，该地区 2019 年第一季度的债券发行规模达到 1.4 万亿美元，较 2018 年第四季度增长 10.0%。由于经济表现好于预期，外国投资者在 2019 年第一季度对中国持乐观态度。

亚行 2019 年 9 月发布的《亚洲债券监测》也显示，尽管面临持续贸易冲突、中国经济放缓速度超过预期，以及全球增长放缓等因素带来的下行风险，但是 2019 年第二季度新兴东亚地区的本币债券市场规模仍在稳步扩增。

中国境内因市场对政府采取额外经济措施的预期，外资持有的本币债券呈上涨趋势；印度尼西亚则因信用评级升级而促使债券市场攀升。在韩国、马来西亚和菲律宾，各种国内因素导致外资持有量下滑。

"新兴东亚地区的外国投资保持平稳，但仍存在较大的潜在风险。倘若全球投资者改变了对该新兴市场的看法，就会对该地区的金融稳定性造成不利影响。"亚行首席经济学家泽田康幸表示，"该地区各国政府应当做好持续深化本币债券市场的工作，从而担任起本地可靠资金源的角色。"

2019 年 6 月，大自然保护协会（TNC）与 Encourage Capital 联合发布题为《迈向蓝色变革：促进私人资本在可持续水产养殖领域的投资》的报告，寻找对地球可持续发展和对投资者有利的商业机会。

因为水产养殖业的迅速发展已对环境带来了一些负面影响，比如，水污染、生境退化、传染病，以及影响野生种群等问题。

该报告指出，可持续水产养殖能够生产出负责任的水产品，来替代被过度捕捞的野生物种，为全球持续增长的人口提供必需的蛋白质（到 2050 年，全球人口将从 70 亿人增加到 90 亿人）——目前已有 30 亿人口将海鲜作为他们的主要蛋白质来源。

作为全球增长最快的食品生产方式，全球水产养殖业每年的增速高达 6%，已发展成为一个价值 2435 亿美元的产业。

该报告还重点谈到了养殖创新，展示了循环水养殖系统和离岸有鳍鱼类养殖技术，养殖双壳贝类和海藻还可为周围的水域带来正向生态效益。

在低利率环境持续、区域租金收益率降至历史低位的背景下，世邦魏理仕预计，跨境房地产投资将持续吸引各类具有多元化配置需求的资金参与，并积极寻求新的投资目的地。

2019 年上半年，亚洲区域内部跨境投资总额为 91 亿美元，其中 43% 来自新加坡。日本投资者的跨境投资热情持续升温，投资规模增至 19 亿美元。韩国的跨境房地产投资总额继续稳步上升，共计 68 亿美元，较两年前同期增长了一倍以上。投资规模位居第二的新加坡投资者贡献了 57 亿美元，其在亚洲范围内的跨境投资表现尤其活跃。

从投资目的地市场来看，巴黎和东京成为 2019 年上半年亚洲资

跨国布局

本最受青睐的投资目的地。上海排名同比上升两位，在上半年位列第三。

国际直接投资改变了国际经济关系格局，加深了各国在生产领域里的相互联系，带动了各种生产要素的国际转移和结合，使一国的经济活动成为世界再生产过程中的一个重要组成部分，它已成为生产和资本国际化的主要媒介和实现手段，受到企业和经营者的重点关注。

2019年7月，摩根大通宣布推出摩根大通营运资金指数，该指数可用于企业与业内公司对标营运资金表现。

对多数寻求优化营运资金管理的公司来说，与同业对标通常是其迈出的第一步。然而由于缺少获取行业数据的可靠渠道，可以进行高效业内对标的工具非常有限。摩根大通营运资金指数追踪并整合标准普尔1500综合指数成分股的营运资金指标，其中包括规模和影响力在全球均名列前茅的多家公司，外界可以通过该指数更好地了解这些公司的营运资金表现。

在推出新指数的同时，摩根大通还发布了一份报告，解析2011—2018年的营运资金主要趋势。报告显示，在优化营运资金方面取得显著进展的前3个行业是公用事业、耐用消费品及物流；同期营运资金管理表现不佳的行业包括航空航天和国防、半导体、传媒。

亚行9月发布第50期年度统计报告——《2019年亚太地区关

键指标》，并更新了线上关键指标数据库。

《2019年亚太地区关键指标》的数据显示，亚太地区的极端贫困人口已从2002年的11亿人降至2015年的2.64亿人。

2018年，亚太地区在全球国内生产总值中所占份额（现价美元）超过1/3，在全球价值链中所发挥的作用及其作为高价值产品目的地的地位也在不断上升。2000年，亚洲仅贡献了全球23.0%的出口收入，2018年，这一数字增至30.2%。

"《2019年亚太地区关键指标》的数据表明，亚太地区日益加强其对全球经济、促进实现可持续发展目标的重要贡献。"亚行首席经济学家泽田康幸表示，在推动实现可持续发展目标的过程中，及时、可靠的精细数据对于制定、实施及监测政策和进展等发挥着关键作用。

交通和住房是亚洲城市持续繁荣的关键。亚行2019年10月发布的《2019年亚洲发展展望更新》专题章节指出，亚洲发展中国家需要制订有效、协调的土地和经济规划，建设高效的交通网络和负担得起的住房，满足城市崛起的需求，使其持续推动经济增长，促进就业。

预计到2050年，亚洲发展中国家城市人口将增至约30亿人，占该地区总人口的64%。城市面积也在不断扩张，往往超出既定的行政边界，并与周围地区连接，形成城市群。目前，中国"自然城市"数量最多（680个）。

跨国布局

亚行首席经济学家泽田康幸认为，亚洲城市一直是促进经济增长、创造就业、实现创新的重要动力，但未来能否持续仍不确定。"如果这些城市和相应各国期望继续保持发展活力，就必须解决基础设施薄弱、交通拥堵、住房资源紧张、教育和医疗保健服务滞后等问题。"

2019年12月，《福布斯》发布本年度美国非上市公司排行榜，共有228家公司上榜，这些公司2018年总营收达1.7万亿美元。

相比上市公司，非上市公司选择按自己认为合适的方式运营，更少地获取资本市场的支持，也更少受到资本市场的影响。在这种情况下，能够发展成为大型企业，往往意味着企业的经营策略十分稳健。通过下面一组数据可以看到这一点：2019年排行榜前10家企业中，有8家曾出现在1985年的第一份榜单里，所有公司的平均创办时间为75年。

农产品贸易巨头公司嘉吉连续第12年位居榜首。2019财年，嘉吉营收为1135亿美元。在过去35年里，嘉吉只有两次未能登顶这份榜单。如今，公司创始人嘉吉的后代继承人总财富达到近500亿美元。但是，自1995年以后，家族成员便退出了公司的日常经营。

第五章 研究中国 "窥"得先机

剖析行业走势

市场是行业发展的基础，市场容量决定企业规模。而行业调查分析作为一种系统性信息成果，其参考价值对企业发展起到积极的作用。如果企业无视行业状况而进行投资、生产、经营活动，不符合效率的原则，也无益于企业家发现问题。行业调查报告对企业制定决策、发现行业商机、准确把握市场脉搏、最大限度地降低决策风险等方面具有指导性意义。

卫盟软件2019年6月发布最新行业调查结果发现，73%的组织机构承认，无法满足用户对不间断访问数据和服务的需求。这将会给组织机构每年造成2000万美元的损失，表明停机对收入损失、生产力和客户信心造成的破坏性影响。

研究发现，组织机构正着手采取行动解决这个问题，72%的组织机构希望通过利用混合云功能来实现云数据管理，以确保成功，并从数据中获取更多价值。

《2019 Veeam云数据管理报告》显示，组织机构正拓展更智能的业务，这意味着它们正在利用云数据管理和人工智能等技术，创建集合业务的实时视图，以及基于这一洞察进行智能化的能力。

许多组织机构现在都希望采用云数据管理来更好地满足对于数

据的保护需求，同时能有效地利用其数据资产。2019年，平均每个组织机构在这种转型技术上投资4100万美元。

被广泛视为汽车质量仲裁者的J.D. Power发布2019年新车质量调查（IQS）报告发现，韩国汽车制造商劳恩斯、起亚和现代以前三名的优异成绩领跑该行业，并拉大与丰田和雷克萨斯等长期在年度调查中占据领先地位的品牌之间的差距。

J.D. Power汽车研究主管戴夫·萨金特说，长期以来，韩国汽车制造商一直以质量落后而闻名，但在过去几年里取得了重大进步。这不仅体现在这三个品牌的整体得分上，还体现在现代汽车集团（包括劳恩斯、起亚和现代汽车）拥有6个单独的细分市场冠军，超过了其他任何一家制造商。

据悉，福特、林肯和通用汽车的雪佛兰分列第四位、第五位和第六位，日产和菲亚特克莱斯勒的道奇紧随其后。

电动汽车的销售最快将在2033年超越传统汽车，并在全球范围内为充电基础设施、电池开发和回收带来1500亿美元的投资商机。法律、法规和政策的演变也将带来商机。

2019年8月，全球律师事务所年利达发布的新报告显示，电动汽车需求的迅速增长将意味着电动汽车的销售可能最快将在2033年超越内燃机汽车。

在《电动汽车电池发展报告》（这里简称该《报告》）中，年利达律师事务所预测，电动汽车需求的大幅增长，将在电动汽车电池的生产、充电，以及电池回收的整个生命周期中产生巨大的投资商机。

对投资者而言，新一代电动汽车电池技术，以及采矿领域将有新的机会来帮助确保有充足的锂、镍与钴用于制造电动汽车电池。

该《报告》同时强调了基础设施领域面临的重要机遇，未来需要建设足够密集的充电站网络，使电动汽车司机能够随时随地充电出行。最后，该《报告》简要概述了新领域的创建：回收和再利用。

未来10年中，电动汽车市场将呈指数级增长，确保电动汽车电池在使用寿命结束后可回收用于其组件材料或在其他情况下的重复使用将成为非凡的商机。

该《报告》强调，在全球范围内，仅在基础设施、采矿和回收领域，就有1500亿美元的潜在投资机会。

根据年利达律师事务所的报告，电池成本下降与电动汽车续航里程增加的结合，将为电动汽车的使用带来新变化。这一需求将给基础设施行业带来压力，促使其迅速发展超高速电动汽车充电网络。

中国是目前全球最大的电动汽车市场，占全球电动汽车充电基础设施的55%。但随着全球销量的增长，全球市场都将需要投入大量资金用于充电点、充电站和电网升级。800亿美元的投资将被用于全球超高速电动汽车充电基础设施的开发。

跨国布局

年利达律师事务所还预测,电动汽车电池技术的快速发展将在电池回收与再利用方面创造重要的新二级市场。尽管电池回收并不是件新鲜事,但在未来 10 年产生的大量废旧电池将为回收能力带来大笔新的投资。此外,随着电动汽车的风靡,一种新的全球二手市场也会因此诞生。

通常,电动汽车电池使用 7～10 年后只能保持原来 70% 的蓄电能力,导致它不再适用于电动汽车,但适合在其他方面被再次利用,包括家用或商用的能量储存,以及为路灯和电梯等固定的基础设施充电。到 2030 年,二手电动汽车电池的超强蓄电量将创造价值超过 240 亿美元的新二级市场。

年利达律师事务所的 TMT 产业合作伙伴 Daniel Pauly 这样评价道:"我们正处于历史上最激动人心的汽车和工业发展转折的临界点。"

汽车和电池制造商,基础设施和矿业公司,以及许多在这些市场开辟新领域的创新型初创企业,不仅需要巨大的投资支持,还需要正确理解当今仍处于起步阶段的国家和全球监管标准。

不仅地上跑的受到关注,机器人代替人工也正在成为趋势。

全球预测和定量分析公司——牛津经济研究院发布的一份报告显示,预计未来 10 年,全球将有约 2000 万个制造业岗位被机器人取代。

报告指出,中国为自动化的发展提供了巨大机遇。中国已占据世界工业机器人数量的 1/5，而 1/3 新机器人安装都在那里进行。

牛津经济研究院称，到 2030 年，中国将有约 1400 万机器人投入使用，使世界其他地区相形见绌。

该研究院估计，到 2030 年，将机器人安装数量提高到当前增长预测的 30%，将使当年全球 GDP 增长 5.3%，即 4.9 万亿美元。超过德国当年 GDP 的预期规模。

据日本商业信用调查公司帝国数据银行的最新统计，2018 财年拥有 100 年以上历史的老牌企业，其倒闭、歇业及解散数量为 465 家，刷新了 2000 财年以来的最高纪录。

数据显示，从倒闭数量来看，2018 财年同比增长 28%，增至 101 家。从行业分类来看，零售业的倒闭、停业及解散数量最多，合计达 167 家，占所有行业的 36%。其次是制造业，有 103 家，创下 2000 财年以来的最高值。据该公司统计，截至 2019 年 1 月，日本国内拥有 100 年以上历史的企业共有 3.3 万多家。

坚持"顾客和国货至上"的价值观，恪守"诚信经营"的理念，加上做到极致的匠人精神，成就了日本百年企业。分析认为，日本人手短缺导致企业难以找到接班人，原材料费用上涨，是造成当前这些长寿企业难以为继的主要原因。

全球知名咨询公司贝恩公司联合意大利奢侈品行业协会 8 月发布的《2019 年全球奢侈品行业研究报告〈春季版〉》发现，继 2017 年和 2018 年的连续强劲增长后，全球个人奢侈品市场进入了增长

"新常态"。

按恒定汇率计算，2018年全球奢侈品销售额增长6%，达到2600亿欧元，2019年预计增长4%～6%，达到2710亿～2760亿欧元。

增长的主要动力来自中国消费者在本土消费的加速增长，以及欧洲旅游业的增长。

贝恩公司表示，新生势力品牌将在奢侈品行业中扮演着重要角色，它们将挑战大品牌的地位，运用超越产品本身和影响行业方方面面的创新方法，真正地促进消费模式的转变，最终与消费者形成更直接和频繁的对话。

保险，既是一种保障机制，也是很多人的投资选择。贝恩的另一份最新研究报告《把握亚太区保险行业的发展机遇》指出，随着亚太区发展中国家中产阶级规模的快速扩张，亚太区保险业务需求呈现爆发式增长。尽管亚太区市场存在大量机遇，保险公司依然面临激烈竞争。想要取得成功，保险公司必须建立可复制的成功模式，选择与自身核心优势相匹配的市场。

贝恩的研究发现，尽管可支配收入和社会人口变迁驱动了亚太区保险需求的增长，但保险的覆盖面依然不足。例如，印度、印度尼西亚、中国和马来西亚的保险渗透率不足5%；另外，随着中产阶级规模的扩大，各种类型的保险需求有了突破性的增长。以中国市场为例，人寿保险的保费收入在2013—2017年年均增速达到了25%。

同时，调查显示，亚太区的保险消费者对于新的理念和保险公司的接受程度较高。在泰国、印度尼西亚、中国和马来西亚，有超过 85% 的受访者表示对新公司的保险业务持开放态度。

2019 年 8 月，普华永道会计师事务所发布的《2019 全球市值百大企业排名》分析报告显示，微软挤下苹果，成为 2019 年全球市值最高企业，终止了苹果 7 年来的龙头地位。

根据报告，2019 年全球前十大企业由科技业及电子商务产业主导，依序为微软、苹果、亚马逊、"字母表"公司、伯克希尔—哈撒韦公司、脸书、阿里巴巴、腾讯、强生、埃克森美孚。

从产业来看，科技业持续领先金融业，以 56910 亿美元再度成为全球市值最大的产业；金融业以 37960 亿美元居于第二名，较 2018 年同期减少 3%；保健产业爬升至第三名，市值约 27290 亿美元，较 2018 年增长 15%，表现相对亮眼。

报告显示，全球市值最大的初创企业是抖音的母公司——北京字节跳动科技有限公司，估值为 750 亿美元。长期来看，大中华区的科技公司可望崭露头角，例如，可以看到大中华区的初创企业占全球百大初创企业超过 30%，而初创企业是未来 IPO 或企业并购的重要来源，这代表着未来全球市值百强将会有更多来自大中华区的企业。

贝恩发布《2019 年亚太区出行市场研究报告——亚洲出行行业坎坷的盈利之路》提出："尽管挑战重重，我们认为不仅在中国，乃至印度尼西亚、印度在内的所有亚洲发展中国家，出行行业依然有很好的盈利前景。"

对于想要破解盈利难题的出行企业，贝恩公司针对网约车市场总结出以下四大关键盈利手段。

一是极致的运营。极致的运营对出行企业重新获得公众信任至关重要。

二是区域聚焦。区域密度对网约车业务的盈利至关重要。网约车公司应该瞄准优势地区，建立密集且稳定的车队规模，减少乘客的等待时间和运营成本。

三是相邻扩张。对大多数网约车龙头企业来说，建立"全平台"模式尤为重要。

四是持续创新。网约车公司将通过平台实现人车互联，在未来增值服务和数据领域，扮演着重要的"守门人"角色。

根据空中客车公司发布的最新全球市场预测，2018—2037年，全球的客运和货运机队规模将由目前的接近23000架增长超过一倍，达到近48000架，全球航空客运量年均增长率为4.3%。因此，市场需要新增55万名飞行员和64万名工程师。

为了反映出当今不断发展的飞机技术，空中客车考虑到载客量、航程和任务类型，简化了细分市场分类。例如，短程航线机型A321是小型市场级别（S），而远程航线机型远程型A321LR和超远程型A321XLR则可以被分为中型市场级别（M）。A330的核心市场是中型市场级别（M），但航空公司也会将一部分该机型与A350XWB宽体飞机一起投入大型市场级别（L）运营。到2038年，全球机队将有47680架飞机，其中39210架为新飞机，8470架为现役飞机。

在客户资源争夺战中，传统银行不仅面临原有竞争对手的压力，还面临来自金融科技和专业金融公司的威胁。

贝恩公司12月发布的《2019年全球零售银行调查报告——传统银行如何走出业务流失困境》报告发现，数字渠道已经成为客户购买金融服务产品的首选方式。在不同国家，通过数字渠道购买的产品份额较2017年上升了2～16个百分点。

数字渠道占总渠道的比例为18%～60%不等，其中英国排名第一，中国位列第三名，数字渠道占50%以上。

科技正在令消费者信任变现。消费者尤其是年青一代消费者，在申请信用卡等特定商品时会频繁使用数字渠道，并且更愿意尝试如亚马逊、谷歌等科技公司的金融服务。

在所有国家中，中国消费者对科技公司金融产品的接受度最高，达89%。在受访者中，有70%的中国受访者表示在过去一年中曾使用过支付宝。

12月，市场研究机构Counterpoint Research发布的最新数据显示，2019年第三季度全球智能手机总利润约为120亿美元，其中苹果独占66%，约合80亿美元；剩下的34%，主要由三星、华为、OPPO、vivo和小米获得。其中，三星获得的总利润占比为17%。

尽管安卓手机占领了 85% 的市场，但利润却被苹果拿走了 2/3。苹果三季度在 400 美元以上的高端智能手机市场所占份额仍超过 50%，而排名第二、第三的三星和华为，市场占比分别为 25% 和 12%。而且，苹果原本便在美国和亚洲地区拥有大量的忠实用户，凭借其服务战略和强大的生态系统，苹果在利润获取上能与其他竞争者拉大距离。

未来，随着 5G 网络的推广，手机市场的竞争还会继续，且有可能越来越激烈。对于国产智能手机来说，进军中高端，仍有很长的路要走。

职场人力是第一要素

人才是企业发展最重要的资源，决定企业成功的高度，同时也指引着企业的发展方向。以瀚纳仕为代表的专业招聘集团、人才咨询管理公司及相关机构，通过对人力资源和职场的研究与分析，为企业建立人力资源战略规划、完善企业文化，进而提高企业竞争力提供了有效信息。

8 月，瀚纳仕发布《2019 年瀚纳仕亚洲海归研究报告》（这里简称《报告》）显示，中国的海归比很多亚洲其他地区同类人才更易拿到更丰厚收入。

该《报告》显示中国 61% 的雇主愿意为海归开出高于本土雇员的待遇，高于受调查的 5 个国家和地区 57% 的平均值，仅比马来西亚低 2 个百分点。

而更优厚的待遇并不是促使大量海归返乡的主要原因。随着亚洲老龄化趋势日益加剧，该《报告》指出，"离家近"已成为绝大多数海外人才返乡的首要考虑。

该《报告》发现，在如今的海归潮中，并不是所有人都是因为希望离家近而选择回国就业。此次调查中，有 52% 的中国留学人员（高于 34% 的亚洲平均值）选择回国是为了职业进阶的机会，例如，在国家重点发展却又面临严重人才短缺的生物制药产业。

贝恩公司最新研究《高级分析人才市场新趋势》指出，受传统和非传统教育的趋势变化所驱动，到 2020 年，全球高级分析人才的供给量将从 2018 年的 50 万人增加到 100 万人，整体数量实现翻番。

该研究显示，劳动力市场即将迎来一场颠覆式巨变，若人才紧缺问题无法得到解决，中国分析领域的发展进程必将受到影响，尤其是传统行业公司。

贝恩公司全球副董事戴悦指出："目前，仅有 30% 的企业完全依靠其内部数据分析团队，其余 70% 的企业则采取内外能力相结合的方式，在利用内部能力的同时，也会选择外包、自由职业者、先进分析顾问及众包等方式。"

贝恩公司认为，分级人才生态系统的全面推广将助力公司在

跨国布局

快速增长的全球人才市场中脱颖而出，建立更加灵活且有弹性的工作模式，同时为用新的创新模式对现有人才进行重新部署打下良好基础。

全球失业率明显滑落，薪资为何却反常停滞？全球招聘专家瀚纳仕和牛津经济研究院10月联合发布的第八版《瀚纳仕全球技能指数》显示，全球失业率近年来普遍出现了明显滑落。但让经济学家们困扰的是，后续本应出现的工资膨胀却迟迟未至。这导致在全球市场中产生了反常的薪资停滞现象。

该《瀚纳仕全球技能指数》以"全球技能困境：供应如何跟上需求？"为题，分析了全球34个国家与地区的人才市场，并调查了世界劳动力面临的宏观趋势、挑战与机遇。

针对供需不匹配的主要原因，本报告对薪资停滞和人才市场结构性变化两个方面进行了侧重分析，并探索了技术革新和自动化等相关话题。

虽然全球各市场的地缘政治不确定性日益增加，但2019年的综合指数评分依然为5.4分，与2018年持平。综合指数评分统计了全部33个受评估市场的七大关键指标。

高技术劳动力市场状况与2018年相仿。然而，由于存在薪资停滞、就业不充分（人们希望能全职就业但无法实现）和人才不匹配等趋势，各个区域的指数评分受到了一定影响。

人才不匹配指标在2019年为6.7，较2018年的6.6有所提升，也是自 2012 年《瀚纳仕全球技能指数》报告出版以来的最高值。这一令人不安的趋势持续扩大了高技能与低技能员工之间的薪资差距，且在亚太地区尤为显著。

此外，最受追捧的技能在全球各地都出现了短缺问题，导致就业参与率下滑（北美地区是这一问题的重灾区），同时也加剧了就业不充分。

2019 年的《瀚纳仕全球技能指数》（以下简称《指数》）还发现，技术的快速发展是加剧就业不充分和人才不匹配的主要因素之一，雇主们难以找到合适的技术工人来填补岗位空缺。

该《指数》建议政府与企业为员工进行培训，提升当前岗位上的技能，尤其是不易受到外包与自动化影响的能力与技能，例如，创造性和批判性思维，以便应对即将到来的自动化浪潮。

《指数》同时还指出，即使在世界发达经济体中，技术也是导致普遍薪资停滞的主要诱因之一。国际货币基金组织的研究也将 50% 的劳动收入下滑归咎于技术进步。

当前的薪资停滞表明，高就业率和薪资上涨已无关联，其主要源于劳动力市场的结构性变化。限制员工流动的法规削弱了企业竞争力，长期而言会给企业带来损失。

最后，《指数》报告分析了性别隔离岗位现象对就业和薪资将产生潜在影响。越来越多的研究表明，女性主导的岗位薪资通常较低，而且更容易受到全球化与自动化的影响。女性在某些常规岗位中占据主导地位，对性别薪资差距产生了 5% 的影响，而这些岗位很容易受到自动化的冲击。

同样，性别隔离岗位现象还将导致女性难以享受全球化为发展中经济体所带来的红利。

为了应对加剧的经济不确定性和持续的技术进步，雇主必须注重长期培训，战略性地分配人力资本以减少就业不充分现象，使全球员工能在日新月异的工作环境下获得成功。

瀚纳仕首席执行官 Alistair Cox 在评论《瀚纳仕全球技能指数》的研究成果时指出，人才市场的结构性变化和技术创新导致全球市场的薪资停滞，这与就业不充分同为影响全球金融危机的长期因素，意味着全球劳动者不仅面临更少的就业机会，而且薪资待遇的增长也无法跟上水涨船高的成本和通货膨胀。我们的主要发现表明，全球的薪资增长停滞不前，越来越多的员工处于就业不充分的状态。

为了提高员工的满意度，提升劳动力市场的效率，政府与雇主必须解决薪资停滞的问题，并更高效地分配人力资本。这一长期趋势会对企业、政策制定者和员工等关键利益相关方产生显著的影响。

在未来，协调技术与员工，相应地调整培训内容将成为一大关键。通过这种方式，员工只会随着技术进步提升效率，而不会受到技术的冲击。

如果我们不能尽快提出解决对策并采取措施，就有可能无法为员工加薪，提供全职工作，或者解决职场中因技术发展员工面临的问题，并最终使他们的积极性受挫。

虽然技能与薪资危机的关系很复杂，但它们是紧密相关的，为了避免任何一方失控，雇主必须全面地评估全球人才市场中的薪资增长和人才技能。

第六章

"秀"在展会

国际性展会是展现全球经济走向的窗口。在这些展会上,企业不但展示其最新的技术、产品和模式,也在向社会传递技术趋势、行业信息、发展策略,以及对市场的认知。

第六章 "秀"在展会

架起新品舞台

各大展会一直是各个行业的"风向标",更是各领域的企业展示实力的重要"秀场"。在展会上推出最新的尖端产品,已经成为跨国公司的主流做法。

素有"国际汽车潮流风向标"之称的日内瓦车展创办于1924年,是欧洲唯一每年度举办的大型车展。每年3月举行,是各大汽车商首次推出新产品的最主要的展出平台。2019年日内瓦车展,让汽车业打下了"电气化"的深刻烙印。

从CNBC报道、销售及车展实际情况来看,电动汽车主导了此次车展,"电气化"——无论是混合动力车、插电式汽车还是全电动汽车——尚未对全球汽车市场造成严重冲击,但汽车制造商正迅速采用这一技术,这一点在瑞士日内瓦车展上表现得最为明显,几乎所有的品牌,无论大小,都在进军电池领域。对于宝马和沃尔沃等一些公司来说,这意味着它们将在未来10年内为所有车辆提供基于电池的动力总成选择;通用汽车等其他公司则认为,它们正走在一条道路上,最终只能提供全电动产品,彻底淘汰内燃机;法拉利的宾尼法利娜·巴蒂斯塔拥有惊人的1900马力,是有史以来最强大的汽车之一,它也是全电动的,是日内瓦车展上亮相的20款电池汽车之一。

跨国布局

巴黎航展是世界上规模最大、最负盛名、历史最悠久的国际航空航天展览会。组织者是法国航空航天工业协会，两年举办一次，举世瞩目。2019年6月17日，第53届巴黎航展如期举行，未来作战空中系统（FCAS）概念模型格外引人注目。在法国布尔歇展览中心，150架民用和军用飞机在航展上展出，众多航空领域的最新产品争相亮相，例如，庞巴迪7500型公务机，成功实现了1.5万千米航程，是全球第一款配备大尺寸双人床和浴室套间的商务喷气飞机，乘客在搭乘飞机的时候还能洗个热水澡……法国航空航天公司达索在巴黎航展上第一次展示未来作战空中系统（FCAS）概念模型，这是法德联合研制的第六代战机，它配备先进的网络战能力，拥有超先进的控制传感器，可指挥无人机蜂群执行多项任务。

这次巴黎航展除了博眼球的各类型飞行器展示、空中飞行表演，更有飞机组装产品、航空材料、驾驶导航系统、机载设备、航空生产软件和服务等非常丰富的展示内容。无论对于业内人士，还是非航空行业企业，都意味着一次学习全球先进航空航天技术、促进协商合作、推动自身发展的绝佳机会。

随着中国航空航天事业的不断发展，中国也开始举办自己的航空展会，并取得了一定的成绩。2011年，中国创办了中国国际直升机博览会，这是中国唯一经国务院批准的国家级国际直升机专业展会，也是世界上唯一设有飞行表演的直升机专业航展，每两年举办一次。2019年10月10日，在第五届中国国际直升机博览会上，中国首架空客 H215 直升机正式亮相。它是空中客车经过任务验证的知名超级美洲豹家族成员，截至 2019 年 9 月，已累计交付 1000 架。这架 H215 直升机由国网通用航空有限公司（国网通航）运营，凭借其卓越的远程续航能力、速度和极大的商载能力，H215 将成为国网通航现役空客直升机队的有益补充，帮助国网通航在难以到达的区域执行电缆维修、电缆敷设、人员货物运输和电力线塔建设等任务。空中客车直升机在空中电力作业运营方面拥有丰富的经验和出色的能力，凭借其完整的直升机产品组合和解决方案可以为国家级电力公司提供附加价值，助力电网搭建与维护运营的顺利进行。

各种高科技的汽车与航空航天展吸引了不少眼球，借助高科技的文化艺术展也让人有种身临其境的体验感。2019 年的达·芬奇艺术生涯的作品回顾特展，打开了文艺界虚拟现实的"新视界"。

2019 年 6 月 17 日，卢浮宫为纪念列奥纳多·达·芬奇于法国逝世 500 周年，潜心筹备了一场开创性的基于达·芬奇艺术生涯的作品回顾特展，卢浮宫携手 HTC 打造首个虚拟现实体验项目。此次特展的一大亮点是，借助虚拟现实技术，让达·芬奇最著名的杰作——《蒙娜丽莎》得以采用更加生动的形式呈现，这也是卢浮宫与 HTC Vive Arts 联手打造的首个虚拟现实体验项目；通过《蒙娜丽莎：越界视野》VR 体验，观众突破玻璃保护罩的限制，以一种全新的、革命性的方式近距离地欣赏这幅迷人的肖像作品，现场参观者可在虚拟空间里与这幅画作进行互动；《蒙娜丽莎：越界视野》

跨国布局

VR 体验将最新的科学研究融入其中，能展现出达·芬奇创作这幅杰作时的绘画技法，以及有关画中主角的更多信息，发现这幅名作中肉眼无法察觉到的细节。

"沟通思想，创造未来"，这是阿联酋 2020 年迪拜世界博览会的主题，时间原定为 2020 年 10 月 20 日至 2021 年 4 月 10 日。德国馆将亮相的由蒂森克虏伯研发的全球首部无缆绳电梯 MULTI，抢先得到了关注。创新的 MULTI 系统使用数字和虚拟现实技术对外展示，帮助人们了解未来城市交通中，乘客在建筑物内部和建筑物之间的移动方式。MULTI 带来的是电梯行业的变革，它通过将线性马达技术应用到每个独立的轿厢上，摆脱了缆绳的束缚；既可以垂直移动也可以水平移动，甚至可以倾斜移动，这不仅使其运输能力能够增加 50%，而且还可减少乘客的等待时间。MULTI 还为未来的城市创造了更多的设计可能性和更高的建筑效率，让建筑设计从此不再受到高度的制约，同时可以打破电梯井道垂直排列的限制，通过天桥从一座建筑物穿梭到另一座建筑物，为打造地下交通枢纽提供新的可能。

展现行业优势

展会不但是企业"新创造"的秀场，更是一次企业间、行业间联合"刮"起的技术风暴，巅峰产品在碰撞中找寻未来的发展方向，通过 2019 年的几个展会案例，我们可以证实这一点。

国际消费类电子产品展览会（CES），是每年年初"展会界"备受瞩目的开年大戏。作为全球最大的消费者技术产业盛会，CES 展不仅站在世界新科技的最前沿，同时也是影响范围最广泛的技术产业展会。2019 年，第 51 届国际消费类电子产品展览会——看未来科技行业趋势，于 2019 年 1 月 8 日至 11 日在美国拉斯维加斯举办，它由美国电子消费品制造商协会主办，旨在促进尖端电子技术和现代生活的紧密结合。这届 CES 有哪些亮点呢？

（1）本届 CES 的参展企业超过 4400 家，观众达 18.2 万人次，不仅索尼、英特尔、谷歌、高通、博世等电子、通信类大咖企业参展，而且中国企业也毫不逊色，京东、苏宁、美团点评、TCL 通讯、柔宇科技等都亮相展会，展示智慧零售、无人配送、智能手机、可折叠柔性屏等最新技术和服务。（2）5G 是 2019 年 CES 的一大亮点。展出的消费电子产品，例如，手机、家电、音频器材、娱乐游戏设备等，大多围绕 5G 进行。（3）电视领域的 8K 技术、AI 的更多样应用、无人驾驶、VR 沉浸式体验类产品等依然是本届 CES 的热点。（4）在本次展会上，一些跨国公司展露了最新动向，比如，Uber 与合作伙伴推出垂直起降的"空中的士"设计；LG 宣布与高通公司开展深度合作，两家公司重申 2019 年将实现 5G 网络标准；英特尔则在展会上介绍与阿里巴巴联手开发的首个基于人工智能的

3D 运动员跟踪技术，据介绍，这一技术有望从即将举办的东京奥运会开始部署。

在 CES 这个平台，我们看到，交流与合作是实现世界科技进步的重要推手。尤其是对亟待增强科技硬实力的中国企业而言，加强国际科技领域合作，是提升自主创新能力的重要途径，将引领企业走向高质量发展道路。当然，在世界范围内消费类展会除了 CES，还有亚洲消费电子展，同样给我们带来了惊喜。

第五届亚洲消费电子展于 2019 年 6 月 11 日至 13 日在上海新国际博览中心举办，作为展示亚洲市场消费科技行业的一大盛会，2019 亚洲消费电子展迎来超过 550 家参展企业，集中展出 20 类产品，全面展示整个科技生态系统的创新成就。

美国消费技术协会公布 2019 年亚洲消费电子展呈现的主要技术趋势，其中包括 5G、人工智能、增强现实/虚拟现实、初创企业和汽车技术等相关领域；美国消费技术协会国际消费电子展执行副总裁凯伦·查布卡女士表示："亚洲消费电子展所汇聚的突破性技术将推动亚洲市场的增长。人工智能的进步、5G 联通技术、最新自动驾驶汽车，以及更多前沿技术都将在展会上呈现。这些技术创新正改变着我们的工作和生活方式。"

说到汽车的未来发展，一定要到 2019 年的法兰克福国际车展来看一看。

2019 年，法兰克福国际车展以"驾驭未来"为主题，给汽车未来的发展方向进行了定位。法兰克福车展是世界规模最大的车展，至今已有122年历史，素有世界汽车工业"奥运会"之称。

此次车展于2019年9月12日至22日在德国举行，在16.8万平方米的展厅中，有来自30个国家和地区的近800家厂商亮相，值得一提的是，中国有79家企业参展，包括一汽红旗、长城WEY、拜腾等品牌，成为参展企业最多的国家。

据了解，车展设置了会议、展览、体验、职业生涯四大板块，其中，体验板块紧紧围绕电动化和数字化，主办方首次搭建了电动自行车模拟环形赛道，让参观者体验电动自行车竞赛。在展览板块，各大厂商的首发新车，特别是纯电动新车成为各方关注的焦点，例如，宝马旗下MINI品牌发布全新纯电动车MINI Cooper SE。

从车展亮相的品牌中不难发现，汽车行业已经逐渐向混动车、纯电动车转型，就连跨界车、超跑、赛车也在紧跟电动化的大趋势，随着更多新能源产品的亮相，未来电动车领域的厮杀将会更加激烈。可以说，法兰克福国际车展让汽车方面未来发展趋势逐渐明朗。

以上说了汽车的未来方向，再来看看航空电气未来的趋势。

还是在2019年的巴黎航展上，赛峰集团展示了其各种头部产品，其中包括收购卓达宇航后新增的飞机内饰业务。赛峰集团重点关注航空的电气未来，其产品覆盖所有飞机的电气系统，从主发动机和辅助动力装置的发电到各种系统的供电，包括航空电子设备、刹车和机上娱乐系统。

跨国布局

赛峰在多个关键领域都是佼佼者，包括低噪音和低碳飞机、能源创新、未来空中交通等相关领域。它还展出了用于消除结冰风险的新一代光学传感器，以及空中客车 A220 的滑梯，该滑梯可让乘客在不到 90 秒的时间内从飞机上撤离。

预见智能化未来

如今，智能化已经是各行各业发展的技术潮流。2019 年，智能化也成为众多展会的重要主题。

2019 年，第 51 届 CES 就充分展示了产品的智能化功能。例如，欧司朗展示了其在出行、互联、安全、健康等多个应用领域的突破性技术，其产品不仅有可见光技术，还有不可见光技术在自动驾驶、高级驾驶辅助系统和生物识别等领域的应用；除了汽车照明技术，欧司朗还展示了光的未来，如为美国国家航空航天局采用植物传感和照明提供了解决方案。欧司朗证明，在恰当的时间提供合适的照明，会极大地提高生活质量，如人因照明技术 (HCL) 已经被一些世界级运动员和赛车手采用。在展会期间可以看到欧司朗织物照明产品，包括带有嵌入式照明以提高可见度和安全性的背包和背心。欧司朗还带来可以让设施管理人员和员工通过 APP 操控的建筑空间优化应用，很好地表达了其理念——光电科技点亮智慧生活。

工业 4.0、人工智能、增材制造、合作机器人等术语在当今工业领域已司空见惯。2019 年，世界领先的工业技术展览会——汉诺威工业博览会，就以"融合的工业——工业智能"为主题，探索人与机器在下一阶段数字化转型中如何协同工作。

连续 70 年参加汉诺威工博会的瑞士 ABB 集团一直是展会上大家关注的重点。2019 年，ABB 从打造未来工厂到推动电动交通，在如何通过日益智能的数字化技术改变未来能源、生产、工作、生活与出行方式上，用产品给出了自己的回答。ABB 展示了一条"未来工厂"的模拟组装线，及时完成手表的个性化定制和包装。高度的柔性与敏捷性可以帮助制造商迅速为市场提供量身定制的产品和解决方案；ABB 灵活高效的数字化产品让批次为"1"的生产变为可能。比如，YuMi 协作机器人拥有无可比拟的精度，配合 SuperTrak 柔性电驱输送系统协调零部件在不同工位间的移动；ABB 宣布与达索系统公司达成全球合作伙伴关系，双方联合推出的首个解决方案在此次汉诺威博览会上正式亮相。在本届汉诺威博览会上，ABB 与爱立信公司签署了一份谅解备忘录，进一步强化长期的合作伙伴关系；此外，ABB 还展示了与 IBM、慧与、微软等公司在数字化领域开展战略合作的丰硕成果。

除了工业界的"奥林匹克"汉诺威工业博览会，2019 年在上海举办的第 21 届中国国际工业博览会也是具有广泛影响的工业展。作为我国工业领域面向世界的一个重要窗口和经贸交流合作平台，工

跨国布局

博会吸引了众多外资企业的参与。

本届工博会的一大看点就是"协作机器人"。外资品牌纷纷推新,如被称作协作机器人鼻祖的丹麦 UR 公司、日本发那科、川崎、德国库卡等企业,都在现场首发最新协作机器人。ABB 展示的机器人能迅速识别垃圾类别,将其投入不同垃圾箱内;在施耐德展台,设置了一条微缩智能饮料灌装线,只需扫码就能获得一杯定制饮料;而西门子首次在中国全面展示了覆盖企业数字化转型全周期的一站式产品组合及服务。西门子表示,希望通过所提供的服务帮助中国企业将数字化转型落地为实,据西门子公布的信息,在本届工博会现场,与 6 家企业签署了合作协议,将帮助客户持续推进数字化转型。全球工业圈的大咖企业在这里汇聚,展示了诸多工业制造的新技术、新产品、新方案、新模式,这充分显示出他们希望借助工博会来拓展与中国企业合作的强烈愿望,也可以看出这些领先的跨国公司在推动全球智能化、网联化、数字化发展过程中,紧抓中国市场机遇的坚定信心。

近年来,一些智慧化机器日益走进我们的生活,智慧生活不再遥不可及,2019 年,通用电气在进博会上的表现,就很好地说明了这一点。通用电气(GE)携最新能源、航空、医疗、油气和智能制造等五大领域技术解决方案全面参展第二届进博会,响应中国经济社会发展在"清洁能源、城镇化建设、可及医疗和互联网 +"等领域的实际需求。本届展会上,GE 展台以"当智慧遇上机器"为主题，汇集能源、航空、医疗、油气和智能制造五大领域的技术解决方案。"一个首发，三个首展"：GE 重磅发布全球首个获得 FDA 认证的、基于深度学习重建算法的人工智能 CT 系统 APEX CT；首次全面展示 GE 为支持中国清洁能源转型量身定制的全面能源解决方案；首次系统性全面呈现 GE 智能制造解决方案，以及 GE 在增材领域的商用成果。GE 国际业务总裁兼首席执行官段小缨出席虹桥国际经济论坛开幕式，并在"开放、规制与营商环境"分论坛，携手各方嘉宾为优化投资和营商环境谏言。

　　智能化应用的一个重要方面就是人工智能，这也是普通人最关心的领域，既期待看到人工智能在未来带来更好的生活体验，又担心自己是否能够跟上人工智能的脚步。2019 年，许多企业也在展会上展示了在人工智能上的突破。巴黎航展中，泰雷兹推出了 Thales TrUE 人工智能方法，揭开人工智能的神秘面纱，提供了人们如何看待人工智能的新视角：不是心存疑窦，而是理解人工智能应是可视化的、可理解的并合乎伦理的。Thales TrUE AI 方法代表了"可视化的人工智能"，用户可以看到所有用于得出结论的数据；这是一种可理解的人工智能，可以解释和证明结果；它同时也是合乎伦理的人工智能，遵循客观标准、协议、法律和人权。在航展现场，参观者们将与泰雷兹一起体验一段旅程，探索人工智能将如何让我们的世界更安全、更高效，同时最重要的是，保持人类在决策过程中的核心地位。

跨国布局

主打环保节能

除了智能化，2019年，许多展会及活动都聚焦可持续发展，引领行业探索减少环境与能源消耗的新方式、新产品。

2019年6月19日，美国国际棉花协会（CCI）在青岛举办的2019年中国棉花日活动，全方位呈现了棉花业在可持续发展方面的不懈努力，以及在创新、创意、科技和时尚领域的不断探索，并展示了棉花与技术完美结合的创新产品。棉花一直是被人们忽略的一个环保、可持续纤维，化学纤维织物会释放塑料微粒，而棉纤维不会，这使得棉花对于环境的影响远小于化学纤维，同时，棉花具有优秀的可持续性和可追溯性，可为棉纺供应链提供有保证的优质天然纤维，满足纺织企业和零售品牌商对于可持续性发展的需求。

在活动现场棉花新创意展示环节，8个服装类和5个家纺类合作伙伴展示了其专利技术。原产地证明也能够满足品牌商和零售商在环境和社会方面的合规责任需求，使用"指纹"法医科技的陆地棉原产地追溯项目正在进行试点，并预计于2020年完成筹备全面推行。

汽车产业的可持续发展，一直是人们关注的焦点话题。2019年法兰克福车展，许多企业带来了自己的最新"答卷"。梅赛德斯—奔驰 Vision EQS 是法兰克福车展上亮相的十几款概念车和电动汽车之一，其中部分车型最终将进入美国，以及欧洲和中国等主要市场。从视觉效果上看，Vision EQS 概念车的造型创新采用修长的"弯弓式"设计，将目前 S 级轿车的轿式外形提升到了新水平。为了强调其对"可持续"的重视，内饰方面，梅赛德斯在很大程度上取代了皮革等传统上与高端豪华车相关的材料，取而代之的是各种各样的人工材料，屋顶内衬甚至使用了包括回收的"海洋垃圾"塑料。这家汽车制造商证实，它将推出一系列新型电池电动车，包括定位于低端市场的 EQB 和 EQC 车型，以及在法兰克福车展上首次亮相的 EQV 面包车。

汽车行业的可持续之路离不开车用橡胶业的共同探索。2019 年中国国际橡胶技术展览会上，合成橡胶公司阿朗新科就以"未来机动化"为主题亮相，阿朗新科携轮胎与特种橡胶、高性能弹性体两大业务部门参展，带来旗下机动化等应用领域的优质产品组合及解决方案。

随着消费水平的不断提高及智慧城市等趋势的越发盛行，机动化行业加速向更加安全、舒适和绿色的方向升级转型，并衍生了"未来机动化"这一全新发展概念。"未来机动化"理念下的出行新生态将有效减少环境污染与能源消耗，助力社会的可持续发展。

阿朗新科中国董事总经理孙泓表示："过去一年里，尽管全球橡胶行业经历了不少挑战，中国市场仍然稳中有进，我们也始终将中国作为公司业务发展的重要战略市场之一。我们希望加强与国内外同行的沟通与交流,共同挖掘橡胶行业的发展潜力。"

2019年11月5—10日,第二届中国国际进口博览会在上海举办,各大企业纷纷带着绿色理念参会。DHL快递就带来了绿色创新物流解决方案:DHL快递国内首条城市无人机配送航线的全自动智能无人机模型,参观者可现场佩戴VR(虚拟现实)眼镜,以第一视角体验DHL EffiBot全自动电动车拣货过程。Effibot通过安装于车前的传感器可自主跟随仓库拣货人员拣选物品,最大承重可达300千克,有效助力提高拣货效率;还展示了DHL在全球范围推广通过自行车完成第一公里和最后一公里配送,推进绿色物流发展。

在进博会上,拉法基豪瑞的表现也十分吸睛,该公司以"打造新时代绿水青山,开创可持续美好未来"为主题,展示公司近年来在可持续发展方面做出的努力与成就,以及其卓越的创新产品及专业解决方案。拉法基豪瑞分三个板块分别展示了公司可持续发展理念、在华的最佳实践与成就,以及创新技术与产品。在展会期间,拉法基豪瑞中国与联合国开发计划署中国代表处签署了"可持续发展示范项目计划",旨在将拉法基豪瑞的可持续发展的解决方案和产品作为示范标杆,应用到中国的基础设施和城市建设中,从而对可持续发展技术进行全面升级。

拉法基豪瑞大中华区总裁罗志光表示,"我们期望通过此次展会,与公众、特别是专业观众分享公司领先的创新产品、服务及建筑材料解决方案,为中国市场提供生态修复、环保和新材料技术,应对经济快速发展以及城镇化进程带来的环境和资源等方面的挑战"。

让世界共享中国机遇

上节中已经提到,在第二届中国国际进口博览会上,一些跨国企业的吸睛展览。两年来,中国国际进口博览会迅速成为全球关注的盛会,众多跨国公司云集进博会,展示其最新的产品、技术和运营理念,因为它们在进博会上看到了中国庞大的市场潜力,更加坚定了它们在华投资、发展的决心和信心。

第二届中国国际进口博览会共有181个国家、地区、国际组织参会,3800多家企业参展;专业观众注册人数和境外采购商数量均远超首届进博会规模;达成累计意向成交金额711.3亿美元。进博会根植于更高开放水平的中国市场,面向的是更加广阔的世界空间,既是世界各国的机遇,也是中国自己的机遇。

波士顿科学公司以"为生命创新矢志不渝,同建生态圈合作共赢"为主题,亮相第二届进博会。这是波士顿科学公司首次参展进博会。此次波士顿科学将展示冠心病介入、结构性心脏病、肿瘤治疗、动静脉介入、节律管理、神经调控和泌尿系统六大疾病领域的整体解决方案，以及 5 款荣获或被提名为"医药界诺贝尔奖"——盖伦奖的明星产品，更有全球首款 TheraSphere Y-90 放射性玻璃微球等创新产品闪亮登场；对于波士顿科学来说，这不仅是一次创新产品的展示，更是促进交流与合作的良好契机。

波士顿科学公司希望通过这个开放、多元的窗口，与社会各界共同探讨新技术、新业态、新模式的跨界组合，构建多方联动的行业生态圈。2019 年恰逢波士顿科学企业成立 40 周年，公司秉承"为生命创新"的理念，每年在产品研发、临床科学领域投资超过 10 亿美元。

除了"新朋友"，还有不少"老朋友"。来自新加坡的星展银行再度亮相第二届中国国际进口博览会，连续两年成为新加坡服务贸易展区的参展单位。展会期间，星展银行迎来了全球各地的参展客户和代表。接下来我们深入介绍星展为本次进博会带来的创新产品和服务，尤其是在供应链金融方面。

星展银行亮相 2019 年进博会的产品和服务包括：基于 API 和区块链技术打造的供应链、跨境收付款的一站式金融平台"星展 e 链通"和"星展 e 汇通"。通过系列金融科技创新，星展银行为中小企业带来更具包容性的普惠金融解决方案，为"融资难""融资贵"的中小企业提供更高效、更低成本的金融支持，进一步支持实体经济发展。

星展银行（中国）有关负责人说："为了更好地展示星展银行，这次的展台陈列结合了具有品牌特色的设计元素，其中将为参展来宾展示星展银行今年最新的金融科技成果，包括区块链、生态圈、大湾区数字解决方案等，为现场参观的进口商们带来最前沿的金融方案和服务。"

作为"买全球，惠全球"的重要渠道，进博会为世界打开了开放、交流、合作的窗口。参展商将进博会看作向中国乃至世界推介展示自家商品的好机会、好平台，希望能搭上中国开放的快车，实现共同发展。

亿滋国际旗下来自11个国家的10多个知名品牌参加第二届进博会，百余种产品将展示区装点得色彩斑斓，产品涵盖了饼干、巧克力、口香糖、糖果、固体饮料及奶酪等多个品类，与会者可以在其展位抢先体验这些海外热销产品。

亿滋大中华区总裁范睿思积极参加进博会期间的各项活动，同时作为嘉宾在"一带一路"生态农业与食品安全论坛上做了分享发言。他说："中国将是全球零食消费最大的增长贡献者，成为推动亿滋全球增长的重要引擎。本次进博会为公司提供了一个富有价值的平台，给我们拓展中国业务创造了更多的商机，也帮助我们向公众展示出了'让人们享受真正好零食'的企业宗旨。"为了能让中国消费者尽早品尝到这些进口产品，亿滋在天猫跨境电商平台开设的"Mondelēz海外旗舰店"也于进博会前夕正式开业。

跨国布局

2019年是辉瑞进入中国的第30年。在进博会上，辉瑞除了展示系列创新药物及治疗方案外，还展示在中国30年来的发展历程。辉瑞公司携肿瘤、抗感染、炎症与免疫、疫苗、罕见病等五大领域创新产品集体亮相第二届进博会，作为以研发为基础的创新生物制药企业之一，辉瑞在此次进博会上，展示出一系列创新药物及治疗方案，多种尚未在中国获批上市的创新药物也相继亮相，让中国乃至世界了解到辉瑞在多个领域的不断创新与进取。

辉瑞生物制药集团中国区总经理吴琨表示："我们始终秉持'为患者带来改变其生活的突破创新'的理念，携手多方共同积极努力推进优秀创新药物的研发及引入。未来，辉瑞将进一步加大和加快在中国新药引进上市的力度和速度，帮助中国的广大患者及时接受与全球同步的先进药物治疗。"

空中客车公司2018年参加了首届中国国际进口博览会，2019年参加第二届进博会。空中客车公司首席执行官傅里表示，"中国是全球最大、增长最快的航空市场之一。空中客车致力于中国航空业的长期发展，为中国市场提供我们领先的产品和最顶尖的服务与支持，同时与我们在中国的合作伙伴开展战略性的双赢合作"。

中国国内的空客现役飞机机队规模正在持续扩大，截至2019年9月底，中国各航空公司运营的空客飞机总数将近1800架，其中240多架为A330系列飞机；在直升机方面，空中客车是全球领先的直升机制造商，也是中国市场最受欢迎的制造商，占中国民用和公共服务机队份额的37%。目前，中国有87家客户运营着超过300架空客直升机。

短短6天，上海"四叶草"展馆吸引了海内外众多客商，一份份大额订单合同，让不少境内外参展企业结识了全球各地的贸易伙伴，在进博会的合作平台上收获满满。

在第二届进博会上，必和必拓与中国铁矿石、炼焦煤和铜矿客户签署了一系列合作谅解备忘录。必和必拓首席商务官潘文怡提出："进博会已经成为公司与中国客户共同寻找新机遇，共同创造价值的重大盛会，本次进博会上我们签署了多个新的合作备忘录，巩固了必和必拓与中国客户长期的战略合作伙伴关系，也体现了中国客户一直以来对我们产品的认可。""中国是必和必拓最大的客户市场，我们一半以上的产品都销往中国。通过与中国的钢铁企业、能源企业和铜冶炼厂等建立稳固而长久的合作关系，我们得以向中国稳定供应高品质的资源产品，持续为中国的经济发展贡献力量。"

必和必拓还借进博会召开之际，首次在中国推出一系列"远见者"品牌宣传活动，旨在与公众分享必和必拓携手客户、供应商及行业伙伴，共同为促进中国商业和社会发展作出贡献。除了必和必拓借助进博会扩大自己的中国市场，卡特彼勒公司也同样希望在中国取得更大的成就。

卡特彼勒公司（Caterpillar，CAT），成立于1925年，总部位于美国伊利诺伊州，是世界上最大的工程机械和矿山设备、燃气发

跨国布局

动机和工业用燃气轮机生产厂家之一，也是世界上最大的柴油机厂家之一。卡特彼勒公司在进博会上展出以发动机和发电机组产品为代表的先进产品和解决方案，以及在业界公认的强大的能力和专长，助力本地客户以更加高效和可持续的方式实施项目的长期承诺。卡特彼勒在进博会的展品包括两套广泛应用于各类行业、具有开拓性意义的发动机系统；进博会期间，卡特彼勒分别与来自能源、矿业和基础建设行业的多家客户签署了产品和服务的销售与采购意向书及合作协议。

卡特彼勒负责中国运营的全球副总裁陈其华表示："卡特彼勒非常重视与中国客户和合作伙伴的长期合作关系，并致力于通过为客户提供创新技术与解决方案促进互惠互利的增长。通过与客户的紧密合作，我们非常自豪能为中国能源、矿业和工程机械行业的可持续发展贡献力量。"

在进博会上，肯定中国市场，已经成为一种"潮流"，一些国际行业巨头如此评说进博会。

机遇大——欧莱雅中国总裁兼首席执行官费博瑞说："第二届进博会印证中国机遇就是全球机遇，未来的中国'海阔鱼大'：这是一片越来越开放的大海，拥有'海阔凭鱼跃'的胸怀和气度；这里也是浩瀚无垠的机遇之海，将让越来越多寻求创新和发展的企业'如鱼得水'。"

前景好——高通中国区董事长孟樸说："借助进博会这一开放、

合作的平台，通过与业内合作伙伴的深入交流，我们更加明确后续的产品策略和规划，非常有助于我们和生态伙伴一道，加速推进5G在中国乃至全球的发展与部署。"

干货多——强生中国区主席宋为群则说："进博会是中国扩大开放、优化营商环境实实在在的举措。更多展商的参加，更多创新产品的展示也是今年进博会比去年更有吸引力的佐证。"

第七章

市场冷暖　变者生存

对于企业来说，市场就是生死场。企业热爱市场，也敬畏市场。市场的风云变幻，伴随着企业的兴衰存亡。2019年，有企业在市场中探索到了新路子，也有一些企业不断迷失，走向消亡。

第七章　市场冷暖　变者生存

透视市场趋势

要想在市场中取胜，就必须了解市场，了解消费者。消费者是上帝，这句话对企业而言可谓是瑰宝。如何在既有的消费习惯下取悦消费者，以及在未开发的领域创造消费者需求，一直是企业比拼想法和胆魄的必修项目。

那么，消费者有哪些取向？我们可以从市场的产品分布上来窥探。

以汽车颜色为例。巴斯夫涂料部2019年2月发布了《巴斯夫汽车原厂漆色彩报告》，对2018年全球汽车市场的色彩分布情况进行了分析。

从全球层面来看，白、黑、灰及银等非彩色系色彩依旧是路上的主色调，采用这几种颜色的车辆占到了整个汽车产量的80%。

白色在其中更是遥遥领先，每4辆行驶在北美道路上的汽车中，就有1辆白色的车；在欧洲，这个比例达到近1∶3；而在亚太地区每2辆车中就有1辆是白色。银色的受欢迎程度较2018年则有所下降。在彩色系中，红色仍然是最受欢迎的选择，蓝色紧随其后。

在彩色系中，蓝色最受消费者欢迎，红色紧随其后。报告显示，车型越小，色彩就越鲜艳。彩色系在紧凑车型和微型车中受到欢迎。

大型车当中彩色使用量显著下降，黑、白两色车较 2018 年有明显增长。

在亚太地区，有趣的一点是，棕色虽然仍然保持着在 SUV 车型中的受欢迎度，不过已经出现下降趋势，这预示着棕色在这种车型中的风头可能已经过去。

亚太地区的汽车消费者越来越喜欢将色彩偏好与自己的生活态度和生活方式联系起来。

例如，金属黑和闪亮黑在几个车身细分市场中的需求越来越大。即使在微型汽车中，带有闪亮效果的银色和灰色也越来越常见。

在中国市场，色彩的变化呈现越来越丰富的趋势。巴斯夫涂料部亚太区首席色彩设计师松原千春表示："彩色系的千变万化有目共睹，红色、蓝色、黄色、棕色和金色几乎出现在各种车型上。中国消费者比过去更加希望表达自己的色彩品位。"

世界原本就是由色彩构成的。在消费者方面，性别也是影响色彩选择的重要因素，共同构成美丽的风景。

例如，被称为"美丽经济"的美妆市场一直以来都是女性消费独大，但近年来，男性消费在稳步增长。全球知名咨询公司凯度 2019 年 11 月 28 日发布了《亚洲美妆趋势》报告。该报告显示，2018 年，亚洲美妆市场销售额增长 8%，远高于整体快速消费品市场 4% 的增长。其中，男士专用护肤产品成为亚洲美妆市场重要的增长驱动力。

在亚洲市场，使用护肤品的男性数量在稳步增长，尤其是在中国、韩国和泰国。随着美妆步骤的增加，他们购买的产品类别也越来越丰富。但大多数男性仍然没有购买男性专有产品的习惯。报告显示，男性专用的产品占亚洲市场美容产品总销售额的 10%。目前，这一细分市场的增速慢于中性护肤品牌的增长。

欧莱雅、香奈儿、兰蔻等知名美妆品牌都已开始掘金男性消费商机。以百雀羚为代表的国产品牌也纷纷力推男性护肤系列产品。据市场研究机构 Allied Market Research 2019 年中的预测，男士个人护理行业市场（包括美容）到 2022 年将高达 1660 亿美元。

影响消费者的不只是喜好。视觉健康需求也是目前一项重要指标。全球照明企业昕诺飞发布了一项关于照明的全球性调查结果。

调查显示，全球范围内虽然超过半数（58%）的成年人害怕视力减退，但其中极少数人会积极主动地保护视力。

86% 的受访者表示，比起听力，他们更重视视力，但其中只有 33% 的人会关注眼睛健康并做定期检查。

尽管照明质量的优劣会直接对用眼舒适度产生不可忽视的影响，可仅有 32% 的受访者会在购买灯泡时将这个因素考虑在内。调查还发现，随着年龄的增长，人们对视力的重视程度会不断提高。

采访中，相比 55 岁以上的受访者（92%），18～24 岁的受访者（79%）普遍缺乏对视力或听力下降问题的重视。

记忆力减退，这几年也成为一个社会话题。据统计，随着年龄增长，人们首要担心的是记忆力减退（61%），紧随其后的便是视力下降（58%）。而事实上，在波兰（65%）和中国（46%），人们对视力下降的担忧甚至超过了记忆力减退和关节疼痛。

以上这些数据都给跨国企业提供了先机。

旅游行业的一个趋势报告，可以给企业和从业者一些启示。旅游平台猫途鹰公布了 2019 年度 TripBarometer 全球旅行调研结果，揭示了不同年龄层旅行者消费习惯存在的显著差异，旅行者选择目的地和住宿的多重考虑因素，以及旅行者对猫途鹰平台所提供的旅行信息的依赖程度。

调查表明，全球游客在选择旅行目的地时，文化因素比天气因素更为重要。34% 的受访者选择某个目的地是为了体验当地人文风情，仅 1/5 的游客表示旅行是为了目的地的好天气。在选择酒店时，亚洲游客，尤其是中国游客，比欧洲游客更看重酒店品牌。

猫途鹰中国区总裁朱明表示："TripBarometer 调研揭示了 2019 年全球旅游市场的关键趋势，从旅行者在选择目的地和酒店时的灵感来源，到旅行预算及实际花费等。有关中国消费者的一些数据洞察也将为全球从业者吸引这个庞大的消费群体提供参考。"

为了取悦消费者，企业可谓是八仙过海各显神通。有的给优惠，有的推新产品，有的给新购物体验，有的却被指责"作弊"。

比如，斯普林特起诉美国电话电报公司（AT&T），指控这家无线运营商将其 4G 网络冒充 5G 技术。

斯普林特在纽约南部地区的一家联邦法院提起的诉讼中说,美国电话电报公司在作弊。斯普林特在诉讼中说:"美国电话电报公司通过开展全国性的广告宣传活动,欺骗消费者相信其现有的 4GLTE 高级网络是 5G 网络,试图在 5G 竞争中获得不公平的优势。""这项技术不是 5G。在 5G 中添加'E'或'进展'一词并不能减轻欺骗。"

美国电话电报公司曾在一份声明中称:"两年前,我们引入了 5G 进化技术,将其明确定义为向基于标准的 5G 进化的一步,并表示 5G 进展和 5GE 指示器只是让客户知道他们的设备所在的区域的速度是标准 LTE 的两倍。"

同样与"诚信"有关的是,目前,消费者越来越在意他们的数据有无安全保障。但这一点,情况似乎不容乐观。

戴尔易安信公布的第三期全球数据保护指数调查结果显示,数据量呈现爆炸式增长:2018 年,各类组织管理的数据量平均达到 9.70PB,与 2016 年的 1.45PB 相比激增 569%;数据保护的"采纳者"数量相比 2016 年猛增近 50 个百分点。

报告提出,全球范围内,92% 的企业看到了数据的潜在价值,36% 的企业已经将其转化为经济效益。

在参与调查的受访者中,76% 的人在过去 12 个月内遭遇过数据中断事故,27% 的人经历过无法修复的数据丢失,这个数字与 2016 年的 14% 相比增加了近 1 倍。

近半数（45%）受访者正苦苦寻找适合人工智能和机器学习等新技术的数据保护解决方案。

戴尔易安信数据保护业务总裁兼总经理 Beth Phalen 提出："人工智能和物联网等新兴技术通常是组织数字化转型的重点，大多数企业现已认识到数据的价值，这证明我们正在积极保护和利用推动人类进步的数据。"

回到取悦消费者的话题上来，不断推出新产品是市场制胜的必由之路。

例如，亚马逊影视业务负责人 2019 年 2 月表态称，未来亚马逊计划每年拍摄 30 部电影，包括高成本大片、艺术作品和可直接在亚马逊网络视频服务上首映的电影。亚马逊和奈飞（Netflix）已经成为全球版权视频市场的两大"巨无霸"，两家公司每年投入几十亿美元的经费拍摄电影电视内容，借此扩大视频会员规模。

此外，苹果也宣布，2019 年计划花费至少 10 亿美元制作原创视频节目。有消息人士透露，苹果正考虑将视频流媒体和 iCloud 云端存储捆绑为月度订阅服务包，或者与新闻订阅服务组合起来按月出售。公司服务业务主管不但从索尼挖去了两位高管，并将大部分工程资源放在视频产品上，自动驾驶项目裁减的 200 名员工大部分也转到了服务业务。

这些高科技公司正在通过提高原创视频产品的产出，来扩大服务业务的覆盖面，从而增加自身产品的附加值。不难看出，这些举措正意味着企业开始将增长引擎转移到服务和潜在的技术变革中去。如何增强会员业务？如何为用户提供更具体验性的服务来增强用户黏性？这些已成为视频行业，以至高科技公司关注的重点。

喜忧甘苦自知

市场是一张众生相，随着技术更迭的日益加快、消费水平的日益提升、新产品新业态的不断涌现，市场竞争时刻在加剧。这些因素在2018—2019年继续成为对企业经营理念、创新能力和市场适应性的考验。

在企业盈利方面，不少企业可谓是有喜有忧。

三星电子2019年1月初表示，由于存储芯片业务需求低迷，以及智能手机市场竞争加剧，其2018年第四季度盈利可能大幅下降。

这家韩国科技公司预测，在截至2018年12月的三个月中，公司营业利润约为10.8万亿韩元（约96.7亿美元），同比下降28.71%。该数字低于市场预期，比分析师预测的13.2万亿韩元少18.18%。据预测，第四季度的综合销售额约为59万亿韩元，低于路透社调查分析师预测的62.8万亿韩元。

据国际数据公司IDC称，2018年第三季度，三星全球智能手机出货量同比下降逾13%。

跨国布局

即使跨年后，情况仍然不妙。2019年第一季度，三星利润将低于市场预期，原因是该公司为电子设备生产的存储芯片和显示屏需求下降。

国际数据公司驻新加坡分析师Kiranjeet Kaur表示："这一切都与智能手机市场前景有关，目前智能手机市场前景并不乐观。"

同样作为手机商，苹果在进入2019年也不好过。苹果公司2019年1月表示，在本次至关重要的假日季，iPhone的收入比上一年同期下降15%。

苹果公布2019年第一财季营收843亿美元，略好于1月早些时候警告投资者的预期，但同比仍下跌了5%。

苹果首席执行官蒂姆·库克就盈利报告与分析师召开电话会议，将iPhone销量下滑归因于多种因素，包括汇率、一项受欢迎的电池更换计划，以及运营商智能手机补贴的减少。

据报道，苹果在中国的销量大幅下降，该地区的收入为131.7亿美元，低于2018年同期的179.5亿美元。

紧接着，Longbow Research的分析师在2019年3月表示，iPhone在中国市场的情况正变得越来越糟。尽管苹果为了提升销量，多次下调了iPhone的价格，但是这并没有完全改变中国市场对于iPhone需求疲软的问题，iPhone的百度搜索次数连续下滑，2019年2月又下滑了47%，销量也再次下滑。

曾经引领智能手机市场的苹果公司，如今却因新机型越来越看不到改进和创新，甚至在一些方面开始落后于国产手机，而被消费者频频吐槽。

看来，价格因素或许只是 iPhone 需求疲软的部分原因，中国国内智能手机市场接近饱和、国产手机的崛起、新机型创新和改进不足也是造成消费者不愿意买账的重要因素。消费者期待的是更多的黑科技和新玩法，这也提醒国产手机制造商，提升性能和创新才能吸引消费者的目光。

而这些，同样适用于三星及其他国外智能手机商家。

同样是高科技产业，美国波音在 2019 年伊始开了个好头。波音公司在 2018 年度创造了 806 架的飞机交付新纪录，刷新了 2017 年 763 架飞机的交付纪录。同时，包括 2018 年 12 月获得的 203 架订单，2018 年公司的净订单达到了 893 架。

针对未来 7 年的储备订单，波音在 2018 年中提高了大受欢迎的 737 飞机的产能，达到每月 52 架。与此同时，波音公司继续以最高的双通道飞机产能制造 787 梦想飞机，以满足对超高效飞机的强劲需求。梦想飞机项目 2019 年实现了 145 架的交付量。

在订单方面，波音以 893 架净订单实现了全系列飞机的销售成功，按照目录价格计算，这些订单的总价值高达 1437 亿美元。

2019 财年第四季度，波音收入为 238 亿美元，同比增长 9%，非 GAAP 收入为 240 亿美元，同比增长 8%。

戴尔科技集团的表现还是不错的。2019 财年全年收入为 906

亿美元，同比增长15%；非GAAP收入为913亿美元，同比增长14%。

公司全年非GAAP利润为89亿美元，同比增长14%，运营现金流为70亿美元。2019财年，公司现金和投资余额为107亿美元。

戴尔科技集团首席财务官Tom Sweet表示："2020财年，我们将继续在正确的轨道上运行，专注于实现长期的相对增长、股票收益和现金流，同时为股东创造长期价值，并为客户提供全方位的服务。"

在对2019—2020年的预期方面，有的跨国公司实际完成得并非那么乐观。

德国电信2019年2月预测，其盈利将在2019年继续增长，然实际却低于预期。因为首席执行官Tim Hoettges希望完成一项关键的合并，收购美国斯百全并推出5G服务。

这家欧洲领先的移动运营商预计，2019年经调整后的息税折旧摊销前利润将增长3%，达239亿欧元。

经营状况的改善需要业务的调整、技术的创新和营销战略的筹谋。在这方面，企业从来不乏应对措施。

日本松下公司2019年1月就中国市场的家电业务透露称，今后计划加强高价位的"高端产品"，强化在当地的设计与开发体制，提供符合中国人需求的商品，力争到2020年，家电销售额要比2018年增加50%左右。

随着人们生活水平的提高，中国洗衣机用户经历了从"功能"需求到"享受"需求的转变，更多家电品牌开始将目光投向潜力巨大的中国高端市场。目前，松下将目光锁定在城市的年轻富裕阶层，进一步扩充设计开发人员，力图强化中国业务，推出专为中国消费者设计的美容家电新产品。

与此同时，在中国本土家电厂商正在崛起的市场行情下，松下如今的市场份额仅为 20 年前的 1/10，在竞争日益激烈的市场面前，如何俘获中国消费者的"芳心"，松下还得在技术创新上多花心思。

自 2018 年年底，受到一连串负面消息的影响，特斯拉的股价一直处于下跌态势，唱空者越来越多。特斯拉对此多有调整，而最吸引消费者的还是降价。

2019 年 3 月 1 日，特斯拉官方宣布在售的 8 款车型进行价格调整，最高降幅高达 34.11 万元。马斯克还表示，特斯拉将关闭全球大多数的零售店，由线下销售改为纯线上销售，并进行裁员。特斯拉方面指出，这一举措将使得特斯拉的产品价格下降约 6%，此次价格下调，正是得益于这一策略的实施。

但是，这也让很多刚买过特斯拉的车主不高兴了，买完车就降价，降价幅度还这么大，让人难以接受。以致有车主提出，要求特斯拉方面给予差价的补偿。

此次降价后，特斯拉的部分车型价格已经低于 30 万元，这也对另外一个群体产生了不小的冲击，那就是国产的电动汽车厂商。汽车之家的创始人李想就在微博发文指出,"特斯拉都已经打到家门口了,国产电动汽车厂商们都长点心吧"。

特斯拉的应对措施还需观察效果,但也有企业在2019年年初其实是"迷茫的"。

德国最大银行德意志银行2019年4月公布的第一季度业绩显示,营收下降速度快于成本下降速度。此前一天,该行与同城竞争对手德国商业银行的合并谈判被取消。

然而,首席执行官克里斯蒂安·斯奎宁一直对前进的道路保持沉默。"我们不会臆测我们还考虑了哪些其他选项,或哪些选项正在或尚未在考虑中。"斯奎宁在财报电话会议上被问及可能的策略调整时表示。

在法兰克福,德意志银行的股票下跌超过3%,将过去一年的损失推至近40%。

财务报表透着密码

要解读一家企业的发展状况,财报是一个有效的途径。财报中数字的核心价值是忠于所托、反映事实,也是创造企业长期竞争力的基本条件之一。下面,我们就跟随几家企业的财报,看一下他们在2019年的处境。

星展集团是亚洲最大金融服务集团之一，2019年7月，其控股有限公司发布财报显示，2019年上半年纯利增长至12%，为32.5亿新加坡元，创历史新高。

由于公司贷款增长、净息差扩大、服务费收入创纪录高位及交易表现改善，总收入增长11%，为72.6亿新加坡元。成本收入比率改善1个百分点，达到42%。资产质素维持稳健，新增的不良贷款仍处于较低水平，特殊拨备占贷款的18个基点。股本回报率由2018年的12.5%上升至13.7%。

第一季度业务创纪录高位，强劲势头持续至第二季度。第二季度的总收入较2018年上升16%，较上一季度上升4%，达37.1亿新加坡元。

"尽管经济不明朗因素加剧及地缘政治紧张局势升温，我们上半年的业绩仍创下纪录高位。有此佳绩，反映我行整体业务稳固，能够灵活应对市场波动并把握机遇。"星展集团CEO高博德说。

联合技术公司2019年第二季度业绩显示，第二季度销售额为196亿美元，同比增长18%，包括6个百分点的有机销售额增长和13个百分点的收购收益，以及1个百分点的外汇损失。

2019年第三季度，柯林斯宇航的商用航空售后市场销售额增长75%，有机增长18%。柯林斯宇航的商用航空售后市场销售额形式增长16%，包含罗克韦尔柯林斯。

普惠的商用航空售后市场销售额增长2%；开利本季度的设备订

跨国布局

单有机下降12%；奥的斯新梯订单按固定汇率计算本季度下滑6%，按12个月滚动计算则下滑1%。

联合技术董事长兼首席执行官贺国瑞表示："联合技术在2019年第二季度实现了强劲的业绩。鉴于上半年开局稳健，我们把全年销售额有机增速预期调高至4%～5%，调整后每股收益预期调高至7.90～8.05美元之间。"

空中客车公司发布2019年上半年综合财务业绩显示，空客民用飞机方面的总订单数为213架，净订单数为88架。截至2019年6月30日，民用飞机储备订单数为7276架。空中客车直升机方面净订单数为123架，空中客车防务与航天获得的订单总价值为42亿欧元。

综合收入增至309亿欧元（2018年上半年为250亿欧元），主要反映在民用飞机交付数量增加，以及更有利的外汇汇率。空中客车在2019年上半年共交付了389架民用飞机，2018年上半年为303架。

作为2019年指导方针的基础，空中客车预计世界经济和航空运输持续增长且无重大起伏。2019年，利润和自由现金流指导方针是在并购前。空中客车预计交付880～890架民用飞机。

欧莱雅集团发布2019年上半年财务数据报告显示，持续强劲增长。销售总额148.1亿欧元，同比增长7.3%，按固定汇率计算，增长8.4%,合并增长10.6%。

欧莱雅高档化妆品部和活性健康化妆品部实现两位数增长；营业利润大幅提升12.1%，达28.88亿欧元；实现创纪录的营业利润率19.5%，营业现金流增加23.2%。

在亚太地区，欧莱雅的增长充满活力，核心增长驱动因素有：亚洲地区、旅行零售业务、电子商务和护肤品业务。

"我们所有事业部均取得增长，中国市场继续保持强劲增长步伐。"欧莱雅集团董事长兼首席执行官安巩在评价上半年的经营状况时表示，"数字化继续为我们的增长注入动力，并帮助我们加强与消费者的纽带。电子商务业务增长达48.5%，已占销售总额的13.2%。集团另一核心增长驱动因素是旅游零售，增长高达21.2%。"

道达尔集团是全球四大石油化工公司之一，其2019年第二季度业绩显示，集团产量略增至296万桶油当量／天，调整后净利润较上一季度增长5%，达29亿美元，股本回报率维持在11%水平以上。

通过与中国广汇能源签署销售协议，收购东芝的LNG业务，以及投产位于美国的Cameron LNG项目等一系列举措，集团在LNG领域持续实现增长。

与此同时，道达尔集团还通过剥离高盈亏平衡资产。例如，出售位于英国北海的成熟油田，为公司战略提供支持；集团下游业务第二季度调整后净营运利润为11亿美元，较上一季度增长4%，同期炼油利润下降16%。此外,随着拉梅德生物炼油厂的投产,集团在生物燃料领域的业务布局得到加强。

集团将继续积极推进业务组合的管理和优化,计划在2019—2020年出售50亿美元资产,其中大部分来自勘探与生产业务部门。

英特诺是世界领先的物料输送解决方案供应商,其2019年上半年财报显示,净销售额再度创下历史新高,达2.608亿瑞士法郎,同比增长8.4%。息税前利润同比猛增23.3%,达3120万瑞士法郎。这不仅得益于净销售额的增加,对成本和投资的严格把控也促进了EBIT的增长。

2019年上半年,英特诺继续保持着强大的产品业务,市场需求潜力巨大。在英特诺四大产品类别中,滚筒产品合并销售额创下5870万瑞士法郎的纪录,同比上涨7.3%。输送机和分拣机依然保持强劲增长,合并销售额同比上涨17.5%,达8390万瑞士法郎。其中,亚洲市场为这一增长做出了突出的贡献。

科莱恩是世界领先的特种化工产品公司。其2019年上半年的销售额共计22.29亿瑞士法郎,高于2018年上半年的22.24亿瑞士法郎。得益于量价双升,以当地货币计算,有机销售额增长了4%。

2019上半财年,以当地货币计算,科莱恩几乎所有区域都为持续经营销售额增长作了贡献。拉美地区强劲增长了10%,中东和非洲地区增长了8%。

亚洲和欧洲地区,科莱恩销售额也实现了良好的增长,分别为

5%和4%。但是，中国市场下降了9%，北美市场轻度收缩了3%。

总之，2019上半财年，科莱恩销售业绩的提高得益于催化剂和自然资源业务的增长，两大业务领域都有强劲的发展。

科莱恩执行主席郭海力表示："我们将继续加强关注客户体验，以及快速、可靠地满足客户所需，从而实现高于市场增长，更高盈利率和更强现金生成。"

2019年上半年，伴随由美国主导的全球贸易战再次升级，英国退欧不确定性加大，地缘政治风险不断上升，全球经济仍然总体延续疲弱态势，主要经济体GDP增速放缓，制造业PMI指数持续走低、进出口下行趋势明显。这些因素给全球汽车、电子、零售等行业带来了不小的冲击。

2019年7月，日产汽车发布的2019年第一财季报告显示，公司营业利润为16亿日元，暴跌99%。这是日产自2008年全球金融危机以来最差的业绩。日产在日本、美国、欧洲等主要市场销量都在下降。不过，日产在中国市场表现还不错，1—6月累计销量71.82万辆，同比仅下滑0.3%。

日产宣布，将在2023年3月前，全球范围裁员1.25万人，裁员人数约占日产全球员工数的10%。

三星的最新一季财报显示，在截至6月的2019财年第二季度，三星总营收为56.13万亿韩元（约合人民币3272亿元），同比减少4%；营业利润为6.6万亿韩元（约合人民币385亿元），较2018年同期"腰斩"，暴跌 55.6%。

具体来看，三星两大主营业务——芯片和手机均表现惨淡，当季营业利润同比分别锐减 71% 和 42%。不难发现，三星延续了此前的颓势。上一季度，该公司营业利润为 6.23 万亿韩元（约合人民币 368 亿元），同比跌幅超过 60%。据报道，这是三星过去 4 年中营收利润的最大跌幅。

三星计划下半年推出两款高端手机，包括首款折叠屏手机，以期提振利润。在芯片领域，三星的主要盈利来自用于手机和企业服务器的内存组件。由于受到前几个季度主要数据中心客户库存调整的影响，内存芯片市场的疲软和价格下跌仍在继续。

虽然三星称内存将在第三季度需求开始逐渐稳定，但受制于日本半导体原材料的断供等复杂因素，这部分业务还存在着很大的不确定性。

通用电气 (GE) 发布截至 2019 年 6 月 30 日的第二季度财务报告显示，订单总额为 287 亿美元，下降 4%；有机订单增长 4%；总营业收入为 288 亿美元，下降 1%；产业部门有机收入为 277 亿美元，增长 7%。GE 产业利润率为 1.3%；调整后 GE 产业利润率为 7.6%。

在第二季度，GE 持续改善财务状况并强化业务运营。公司出售了所持西屋制动的部分股权，将持股比例从 25% 左右降至 12% 左右，由此获得 18 亿美元的现金。GE 金融偿还了 20 亿美元的外部债务，同时完成了其资产减持计划中的超过 5 亿美元份额。

GE 全球董事长兼首席执行官拉里·卡尔普表示："未来，我们将继续执行既定计划以改善业务表现，并监控市场上的个别阻力。与此同时，我们将持续聚焦于改善对客户的服务和交付能力，为客户创造更多价值。"

美国专业家纺零售商 Bed Bath & Beyond 在财报电话会议上宣布，到 2019 财年末，该公司将关闭 60 家门店。

临时 CEO 玛丽温斯顿表示，这一决定是优化其工作队伍的结果。该公司公布第二季度财报显示，同店销售额连续第 10 个季度下滑。

报道称，该公司还将重点放在扭转其业务的短期优先事项上，包括稳定销售和推动顶线增长，重新设置其成本结构，审查和优化其资产基础，并优化其组织结构。

恒天然合作社集团发布 2019 财年第三季度业绩报告显示，在截至 2019 年 4 月 30 日的 9 个月里，营收为 150 亿新西兰元，比 2018 年同期增长了 1%，销量为 166 亿升液态奶当量（LME），增长 4%。

"我们正在对中国市场内两大全资拥有的牧场进行战略复核。我们中国餐饮服务部的业务表现随着黄油需求量的反弹而恢复，这使得定价和库存量均恢复到了正常水平。"恒天然首席执行官 Miles Hurrell 表示，"我们通过建立并运营高质量的牧场，为中国的乳品行业作出了贡献。实践证明，鲜奶品类在中国消费市场上有广阔的机会，且前景持续可观。"

跨国布局

2019 上半年，保时捷全球在营业收入、销售利润（未扣除特别事务支出）、新车交付量和员工规模方面，再度实现全面增长。

其中，营业收入达 134 亿欧元，同比增长 9%；销售利润（未扣除特别事务支出）达 22 亿欧元，同比增长 3%；销售回报率为 16.5%；到 6 月底，新车交付量达 133484 台，同比增长 2%。截至 6 月底，保时捷在中国市场销量实现 28% 的增幅。

柴油问题导致保时捷第二季度产生 5 亿欧元的特别事务支出，扣除该项支出后，保时捷全球 2019 年上半年销售利润为 17 亿欧元，销售回报率为 12.5％。

保时捷预计在 2019 财年新车交付量将创新高。保时捷首款纯电动跑车 Taycan 于 2019 年年底在部分市场到店交付。公司还预计在营业收入方面将稳健增长。

根据阿迪达斯发布的业绩报告显示，剔除汇率因素，大中华区 2019 年第二季度销售额实现 14% 的双位数增长。

阿迪达斯亚太区董事总经理高嘉礼表示，"我们已经在数字化、零售和品牌运营等关键领域取得成功。2019 年下半年，阿迪达斯将继续为中国消费者提供更多激动人心的产品，举办更多精彩纷呈的品牌活动，带来更卓越的品牌体验"。

按欧元计算，阿迪达斯第二季度销售额增长 5%，提高至 55.09 亿欧元（2018 年为 52.61 亿欧元）。得益于阿迪达斯及锐步两大品牌的增长，剔除汇率因素，公司第二季度收入增长 4%。

阿迪达斯确认2019财年业绩预期，剔除汇率因素，公司预计2019年销售收入将提高5%～8%。公司财务业绩的增长及销售收入的持续提高，将再次推动公司利润实现双位数增长。

10月，可口可乐公司公布的季度营收超出分析师预期，原因是越来越多的消费者被更健康的选择所吸引，比如，零糖汽水和小罐汽水。

随着碳酸饮料消费量在美下降，可口可乐一直通过专注于含糖量更少、包装更小的饮料来推动销售。在此背景下，零度可乐的销量再次出现两位数增长。

可口可乐公布第三财季净利为26亿美元，合每股盈余0.60美元，上年同期分别为18亿美元和0.44美元。净销售额增长8%，达到95亿美元，超过了94亿美元的预期。

12月，创新娱乐技术提供商IMAX宣布，公司2019年全球票房收入突破10.35亿美元。距2019年过去还有2周时间，IMAX已提前锁定历史最佳年度票房。

这一破纪录的表现超越了公司在2018年创下的10.32亿美元最高票房纪录，也代表着公司连续第2年票房收入总额突破10亿美元大关。

2019年，IMAX在全球推出了兼具好莱坞大片和本土爆款影片的多元化片单，为公司创下多项新纪录，其中包括国际市场、中国和非好莱坞影片有史以来的年度最佳票房，以及全球范围内的多项

跨国布局

开画纪录。

在非好莱坞本土影片票房方面,《流浪地球》《哪吒》勇夺 IMAX 中国国产片票房历史冠军和亚军。IMAX 中国主席理查德·葛尔方表示:"我们在中国娱乐生态系统中居于优势地位,公司独创的技术、不断扩张的影院网络,以及我们聚焦于好莱坞及国产电影佳作的策略,将不断增强我们在中国市场的行业领先地位,进一步为投资者创造价值。"

消费走向引领企业

随着科学技术的进步及企业经营水平的提高,企业在开发、满足社会需求方面的手段、能力不断增强,新产品不断涌现,产品生命周期逐步缩短,现实消费需求不断被满足,刺激着人们新的消费追求。同时,企业唤起顾客潜在需求,并将其转为现实需求的能力与水平的提高,也是促进消费需求变化的重要因素之一。消费需求不仅是拉动经济增长的主导力量,也是缓解经济剧烈波动的稳定力量。消费行为的研究对于企业发展适销产品的生产与销售,保证盈利,以及充分利用市场机制、做好市场预测有着重要意义。

2019 年 5 月,世界黄金协会最新发布的《黄金需求趋势报告》显示,2019 年第一季度,全球黄金需求增至 1053.3 吨,同比增长

7%。本次同比增长在很大程度上得益于各国央行的持续购金，以及黄金 ETF 流入量的增长。

第一季度，全球各国央行共购入 145.5 吨黄金，比 2018 年同期增长 68%，这是自 2013 年以来全球央行黄金储备第一季度增幅中最大的一个季度。储备多元化及对安全、流动性资产的渴望，成为央行购金的主要推动力。

世界黄金协会中国区董事总经理王立新表示："总体看来，2019 年第一季度中国黄金市场相对保守，但仍显示出令人鼓舞的迹象，中国央行购买了大量黄金，金饰市场也在不断创新。总体而言，我们对中国黄金市场的前景持积极态度。"

欧晰析年度全球 50 强报告显示，快消品 50 强的利润率在 2018 年创下 18.2% 的历史新高，意味着快消品领先企业开始品尝到高效率推动业务所带来的成果。

2018 年全球 50 强快消品企业居前 10 名排行榜：雀巢、宝洁、百事公司、联合利华、百威英博、巴西 JBS 公司、泰森食品、英美草公司（BAT）、可口可乐公司、欧莱雅。

5 家成功跻身全球 50 强的中国企业分别是万洲国际（17）、伊利集团（34）、蒙牛乳业（42）、贵州茅台（46）和康师傅（49），贵州茅台首次跻身全球 50 强排行榜。

"在过去几年里，全球 50 强企业纷纷并购那些掌握快速增长的新消费趋势的公司，例如，转向健康，以及一直是消费者心头爱的咖啡饮料。"欧晰析企业管理咨询英国管理合伙人 Will Hayllar 表示,"这些并购开始得到回报,使得企业的销量恢复有机增长并开创前所未有的毛利率。"

2019 年 10 月,根据市场研究机构 NPD 集团的消费者追踪服务,与 3 年前同期相比,2019 年前 8 个月,美国女性手提包销量下降 20% 以上。

"这显然不是昙花一现,而是一个重大转变。"NPD 集团分析师贝丝·戈德斯坦称,今天的消费者在寻找解决方案,而不只是一个包。消费者对他们购买的产品期望很高,从多功能性到品牌,以及对社会和环境问题的参与都有要求,而奢侈品市场也不能免除这些压力。

投资研究公司 Piper Jaffray 半年度调查显示,青少年在手提包上的支出创下了该调查 38 年历史上的新低。研究显示,女性青少年每年在手提包上的平均花费为 90 美元,低于 2006 年春季 197 美元的峰值。

随着互联网科技的不断发展进步,消费者的购物环境已从传统的线下店铺、市场等转移到更便捷、选择更多的线上。近年,新零售全球化趋势愈演愈烈,跨境电商行业蓬勃发展,"双 11""黑色星期五"等世界各地的"购物节"更成为引爆线上购物潮的"导火线"。

2019 年 12 月,Adobe Analytics 收集的数据显示,"黑色星期五"期间消费者在线上消费 74 亿美元,网上销售额则比 2018 年增长了约 20%。

据 Adobe 的数据，这 74 亿美元是"黑色星期五"有史以来销售额最高的一天，仅次于 2018 年"网络星期一"的 79 亿美元，成为有史以来在线收入最高的一天。每位消费者的平均订单价值为 168 美元，同比增长近 6%，也创下"黑色星期五"的新纪录。报道称，网络活动的激增表明，消费者在不去实体店的情况下，更愿意以折扣价购买大件商品。

跨境电商的崛起无疑给传统零售商店带来巨大冲击，但传统零售商如果通过积极转型、利用好资源、开拓线上新平台，将使经营焕发新的生机。

爱迪生趋势数据显示，沃尔玛和塔吉特在 2019 年 11 月的前两周，在线客户支出较 2018 年同期大幅增长，增幅超过亚马逊。爱迪生趋势调查了逾 120 万笔交易。

沃尔玛比 2018 年增长 51%，塔吉特紧随其后，增长 47%。亚马逊的客户支出仅增长 32%。

野村证券分析师米歇尔·贝克表示，导致客户支出增长的原因包括向网上商店增加更多的产品，为网上购买的商品提供店内提货服务，以及将商品从商店直接送到顾客家中。

"零售商已经从否认电子商务的潜在威胁，转变为接受电子商务是一个真正的威胁，并投资利用全方位的资产。"贝克说。

跨国布局

谁在走向衰败

21世纪，互联网科技快速发展，苹果、亚马逊、谷歌等巨头公司异军突起，步入全球市值最高企业的行列。但是也有不少如雷贯耳的跨国公司，因为技术更迭、战略失误或者管理不善等原因，不复昔日之光。

美国通用电气公司一度是全球市值最高的企业，但过去几年，它却经历了严重的业绩滑坡，最重要的原因就是误判绿色经济和可替代能源发展趋势。

美国能源经济和金融分析研究所发布报告认为，在全球向清洁能源转型时期，通用电气错以为天然气和煤炭需求会伴随全球经济增长而上扬，事实却是新能源价格的快速跌落直接冲击通用电气的半壁江山——燃气涡轮机和热电厂建设。

报告认为，各国2015年在法国首都巴黎签署的遏制全球气候变化协定（《巴黎协定》）是一个转折点，而通用电气就在这个节骨眼上"看走眼"。随着风能和太阳能等可再生能源价格近年来不断降低，绿色经济对传统燃料的需求也随之下降。而在这一转变中，通用电气没能及时应对，作为集团龙头的电力板块仍继续加大投入天然气轮机方面。

据估算，2015—2018 年，通用电气损失 1930 亿美元，相当于同期平均市值的 3/4。

过去 10 年，网购成为全球最为流行的消费方式之一。百货业因此受到了严重冲击。

2018 年，10 多家美国大型零售商申请破产。据 CNBC 盘点，2019 年零售业的一些最大赢家包括 T.J.Maxx、Target、沃尔玛和 Lululemon，而像西尔斯和彭尼这样的百货连锁店比以往任何时候都更为艰难，超过 12 家美国大型零售商于 2018 年申请破产。

报道分析称，零售商们在争夺客户过程中，2018 年的赢家通过提供更快的交付速度、更好的在线和移动购物选项，以及最时尚的产品击败了竞争对手。GlobalData 零售公司总经理尼尔·桑德斯表示：在北美，1985 年，百货公司的零售额占所有零售额的 14.5%，而 2018 年这一数字下降至 4.3%。

西尔斯百货曾在 2018 年 10 月宣布申请破产清算，幸好时任首席执行官为其带来了资金支持，使得西尔斯很多门店业务得以继续开展。

但是，2019 年，西尔斯百货母公司 Transformco 宣布，旗下西尔斯和凯马特于在 10 月底关闭 26 家门店，范围从加州、得克萨斯州到弗吉尼亚州。其清算出售于 8 月 15 日左右开始。可见，面对重重压力，百货公司要重现荣光并非易事。

Transformco 公司指出："我们面临将门店恢复到可持续生产力

水平的诸多挑战，包括与西尔斯控股在采购协议上的分歧，以及零售环境普遍疲弱。这些挑战影响了我们的表现，限制了我们的战略选择。"

近年来，西尔斯和凯马特的数百家门店都陷入了惨淡经营的状况，因为越来越多的购物者离开了商场，在网上购买电器、服装和家具等商品。

同样面对类似困局的还有著名的梅西百货，由于消费者的消费方式发生重大改变，梅西百货的业务每况愈下。全年多次财报低于预期，股价一跌再跌。

以 2019 年第二季度财报为例，其收益远低于分析师预期，因清空库存商品而进行的春季打折，给利润带来压力。净销售额从 2018 年同期的 55.72 亿美元降至 55.46 亿美元，略高于 55.42 亿美元的预期。消息传出后，该公司股价在早盘下跌逾 16%，徘徊在 2009 年以来的低点。

该公司首席执行官杰夫·根内特表示："库存水平不断上升是一个挑战，这是多种因素综合作用的结果：主要的女性运动服装私人品牌时装销售出现失误，国际旅游业加速下滑。"

不过，折扣零售商正在蓬勃发展，因为许多购物者仍然喜欢寻找相对便宜的产品，即使他们有更多的钱可以用于消费。在 T.J.Maxx、罗斯商店和伯灵顿商店开业至少 12 个月的门店中，销售额还在继续增长。在经济不确定的前景下，消费者的预算会更加谨慎，低价零售商将会特别有优势。

咨询公司 Coresight Research 负责奢侈品和时尚板块的总经理 Marie Driscoll 表示，在经济好和坏的时候，消费者都喜欢价值消费。千禧一代也在越来越多地寻找低价渠道，这使得这类零售业的增长前景变得更好，因为这一代购物者拥有了更多的消费能力。

连锁药店的日子也不好过。2019 年，美国连锁药店沃尔格林宣布，关闭其在美国的 200 家门店。这是沃尔格林自 2015 年关闭 200 家门店以来规模最大的一次。

该公司表示，通过"转型成本管理计划"减轻成本压力，预计在 2022 财年之前每年节省超过 15 亿美元开支。

公司的声明称，"我们正在实施一项转型成本管理计划，以加快我们正在进行的业务转型，在关键领域进行投资，并成为一个更有效率的企业"。

另外一个过上了紧日子的公司你或许想不到，那就是世界上最大的印钞厂，位于英国的德拉鲁公司。2019 年年底，该公司表示，如果实施重组计划失败，公司将面临倒闭的风险。

德拉鲁诞生于 1821 年，从 1860 年开始为英国央行印制钞票。截至目前，德拉鲁已经与全球 140 家央行签订了合同，世界上约 1/3 的钞票都是这家公司印刷的。据说，德拉鲁公司每周印刷的钞票叠加起来，能达到珠穆朗玛峰高度的 2 倍。

然而这样一家有技术、有信誉、有市场，印的又是不可或缺的钞票的公司，怎么会濒临破产呢？这主要有几个原因：第一，是成本递增，公司每年需要投入大量资金进行技术升级；第二，需求有上限。有人戏称，印钞厂最期盼发生三件事——物价疯涨、国家元首换人、新国家诞生，因为这三件事都会导致钞票需求量大增，然而从全球现金流通来看，增长是有上限的，这也决定了德拉鲁公司的成长边界；第三，其他印钞厂的竞争和电子支付的冲击。目前来看，由于遭受连年亏损，其市值难以抵债，这家近 200 岁的印钞厂前景堪忧。如果德拉鲁公司无法生存下去，多达 2500 名员工将会面临失业风险。

第八章

公益中国　共同发展

企业作为市场的一分子，除了正常的经营活动和遵纪守法外，理应承担相应的社会责任，理应为当地社会经济的全面发展、人民的幸福生活作出自己的贡献。这才是跨国企业与东道国当地和谐共存、共同发展的题中应有之义。

第八章　公益中国　共同发展

对战贫困　走向富足

对战贫困是外企承担社会责任的重要内容，通过开展扶贫活动，外资企业为中国的精准扶贫和乡村振兴事业作出了一定贡献。外企在中国参与扶贫的形式多种多样，主要是与社会组织合作、与当地政府合作、与其他企业合作或者独立开展公益项目。

百事公司、教育科技公司流利说、零售和物流平台——达达—京东到家，与中国扶贫基金会于2019年9月16日宣布，联合启动"桂格有AI，营养到家"公益项目。该项目通过AI技术互动号召爱心网友和社会各界一起关注和改善贫困地区儿童的营养状况。

"桂格有AI，营养到家"是百事公司、流利说和达达—京东到家联合中国扶贫基金会进行的首次跨界线上和线下公益项目。

从2019年9月15日到28日，参与者可以在活动H5页面选择体验AI语音解锁营养加餐进行捐赠，或在"京东到家"APP活动页面参与捐赠活动，该活动覆盖超过100个城市。

百事公司将配捐"桂格燕麦片或鸡蛋+牛奶"的营养加餐，通过达达进行物流配送，为中国扶贫基金会爱加餐项目区的贫困地区儿童送去营养和网友们的爱心。

为期两周的"桂格有AI，营养到家"活动将为云南省、贵州省和甘肃省9所贫困地区小学约1800名学生提供一学期的营养加餐。

除了为边远乡村儿童提供帮助，部分企业还将爱心延伸到中国女性。合作形式不仅包括外企与中国的本土基金会开展合作项目，还包括外企直接与地方政府合作，推行展现乡村女性成就，改善乡村妇女工作环境，为女性争取权益的公益项目。

据联合国妇女署公布的数据显示，中国75%的农业劳动力是女性，她们在整个农产品生产链，以及粮食安全和营养、土地和水资源等自然资源管理上扮演着重要角色，然而农村地区的性别平等状况、对乡村妇女所承担重任给予的关注，以及扶助力度与之并不匹配，她们对自身劳作生产的价值认同亟待提高。

2019年11月12日，科迪华农业科技携手《南方周末》与江苏省盐城市建湖县政府、妇联，在"稻米之乡"建湖举办以关注乡村女性为主题的首届"她"乡力量公益活动，向创造丰富生活、推动乡村振兴的广大中国农村妇女致敬，唤起社会各界对农村妇女的关注。

科迪华着眼于提升公众对农村妇女的关注和支持，从而维护性别平等，改善农村妇女工作环境。首届"她"乡力量公益活动，以江苏建湖水稻生产区作为首站，通过线上推广辐射全国，聚焦中国乡村妇女为农业生产劳动贡献的汗水和力量，鼓励她们从幕后走到台前，展现这一普通却不平凡群体的劳动及生活风貌。这对于推动农业持续发展具有关键意义。

在为期半天的线下活动中，上百名来自建湖的耕种妇女与科迪华员工，以及合作伙伴一起体验了水稻田测产、水稻收割速度比拼、打草绳与捆螃蟹等多项种植技能评比活动，以及极具当地特色的农趣竞赛、手工艺竞演等。

此外，作为计划的线上环节，科迪华还将与《南方周末》共同面向全国公开征集"最美农田"主题摄影作品。之后，入选的优秀农田照片与乡村女性人物深度报道于11月下旬在《南方周末》陆续刊登展出。

除了科迪华的"她"乡力量公益活动，摩根大通也于2019年11月18日宣布与友成企业家扶贫基金会（友成）共同启动一项乡村女性赋能计划。

这一计划通过开展电商技能和金融素养培训，帮助中国部分贫困地区的低收入乡村女性在电商领域寻找工作机会或鼓励其自主创业，以实现自我提升和经济自立。此外，项目还将通过有效的导师咨询和教育帮助她们更好地进行个人和家庭财务管理。

乡村女性赋能计划是友成基金会和摩根大通合作开展的第三个项目。在此后16个月的时间里，摩根大通预计乡村女性赋能计划将使5个省份的1600多名低收入女性受益。

摩根大通中国区首席执行官梁治文表示："我们希望这一项目不仅能够为参与者带来良好的就业和扩大收入的机会，还能够帮助她们更好地进行个人和家庭财务规划和管理，进而改善家庭生活水平，乃至帮助提振当地社区的发展。"

> 跨国布局

美丽家园　与你同创

环保的重要性已经不容置疑，关系所有人的利益，因为不重视环保而遭遇经营困顿的企业案例已经不计其数。因此，环保是外企在华承担社会责任的最重要内容之一。这不仅包括动物保护，还包括废物处理、推动可持续发展等。

保护大熊猫是一项典型的既能号召民众保护珍稀动物，提升与动物共存意识，又能创造经济效益的活动。因此，围绕大熊猫展开交流和保护活动是中外合作的常见项目。

两只大熊猫"毛二"和"星二"于2019年4月从中国出发，搭乘北欧航空空客340，飞往它们位于丹麦的新家。该航班机身装饰着这两名"贵宾"旅客的头像。而在哥本哈根动物园内，一个由丹佛斯等丹麦公司共同出资合力打造的舒适新家也正在等待着"主人"。

早在丹麦女王玛格丽特二世陛下于2014年对中国进行国事访问期间，两国就熊猫协议达成共识。

这一项目里也有外企的影子。2017年，丹佛斯宣布与多家丹麦公司一道出资赞助哥本哈根动物园新熊猫馆的建设。场馆由著名建筑公司BIG设计，并安装了高效、舒适的室内环境控制系统，为

"毛二"和"星二"打造最宜居的环境。

丹佛斯拳头产品之一——丹佛斯温控阀也应用其中,用来调节馆内的温度,以确保"毛二"和"星二"在丹麦也有家乡一样的室内气候环境。

这两只大熊猫抵达丹麦标志着中丹大熊猫研究合作项目的正式启动。

在废物处理方面,苏伊士新创建是在中国近年来走得较快的企业。该公司是国际终结塑料废物联盟的创始成员之一,该联盟成立于2019年1月,其宗旨是消灭环境中尤其是海洋中的塑料垃圾。

苏伊士新创建2019年2月成功拓展粤港澳大湾区多个水务和固废资源管理项目,包括签订总投资1.9亿元的珠海高栏港经济区工业污水处理项目。

苏伊士新创建将与珠海汇港城市资源开发有限公司按照49∶51的比例组成合作公司,于此后50年负责位于珠海高栏港经济区内的石化基地工业园区工业污水处理项目,投资、建设及运营日处理能力达2.5万吨／天的污水处理厂,为园区工业企业提供污水处理服务。

未来合作公司更计划将污水进行额外处理以供园区企业回用,进一步推动水资源的循环利用。

不仅如此,苏伊士新创建的行动还在不断深入。

2019年6月5日的世界环境日,苏伊士新创建在中国与开能健

跨国布局

康科技集团（开能集团）等来自各国的多家净水行业公司，以及协会组织联合成立"塑战速决行动联盟"，旨在通过技术和商业模式的创新和合作，从源头上最大限度地减少塑料瓶垃圾的产生。

近年来，瓶装水早已成为人们居家旅行饮用水的主要方式，由此产生的塑料瓶垃圾对整个地球环境危害极大。有鉴于此，苏伊士新创建与开能集团发布了战略合作计划。双方就家用净水技术进行合作，把市政及工业水处理领域百年的技术和经验沉淀移植到家用平台，并将安全健康的公共、商用和家用净水的解决方案推行至世界各地，让优质健康水无处不在。

2019年，苏伊士新创建在山东东营获得工业污水处理项目。同年11月，该公司又赢得了投资额约3.5亿元的河口蓝色经济产业园危废处置项目。

该固废处置中心总规模6万吨/年，将为园区及东营全市的企业提供24类危废规范化处理。该设施按照欧盟排放标准设计建造，一期项目运营后每年将有8.94万吨蒸汽回收再利用，供给园区工业客户，每年节省相当于1.2万吨标准煤，从而推动实现循环经济。

苏伊士新创建亚洲地区首席执行官郭仕达表示："我们将发挥苏伊士在中国40多年的经验、在欧洲的专业知识和创新，通过加大科研、创新和数字化的投入，为工业客户开发出更多创新的资源保护解决方案，以应对严峻的环境挑战。"

助力健康　共享明天

"健康中国"是中国的一项重要发展战略。随着全球化进程，助力健康中国，外企不仅在医药健康方面与中国广泛开展合作，还积极参与扶助病弱群体、培养健康生活方式等活动。

赛诺菲中国区总裁贺恩霆博士参加2019年7月1—3日在大连举行的"2019世界经济论坛新领军者年会"，他说：中国向罕见病"宣战"。

贺恩霆提出，随着"健康中国2030"规划纲要的实施，中国政府将健康与经济发展紧密联系起来，基本医疗保险的覆盖范围也在不断扩大，中国离全民健康也更近了一步。

不管在中国，还是世界其他国家和地区，稀缺的诊断技术是罕见病患者所面临的主要挑战之一。许多患者花费数年才能得到准确的诊断。

他表示，随着中国在世界舞台地位的提升，相信中国政府在建设罕见病综合保障体系的经验也将启发更多发展中国家。此外，他也坚信国际间合作是未来中国推动世界级医疗创新的重要因素。他承诺，赛诺菲不断加速在华的创新，以拯救患者的生命、改善他们的生活。

贺恩霆建议在国家层面设立罕见病专项保障基金，相关部门在加速罕见病药物注册审评审批的同时，也让罕见病患者能够享受到药品报销政策，切实提升可负担性及公平性。

"健康中国"的建设需要广泛取经，中外交流起到了极大的作用。中外交流能够有效地促进健康理念的传播，也能为企业之间增进了解、推进健康领域合作提供平台。在这方面，中外产学研等各方代表都参与其中。

"首届C3中美健康大会暨第四届中美医院管理研讨会"于2019年3月底在北京举行。C3代表共享、共建、共赢，旨在促进全球经济体在医疗健康领域中的合作共赢。克利夫兰医学中心、绿叶医疗集团等国内外医疗和科研机构的代表及专家出席会议。

与会者共同就中美两国在医疗卫生领域共享、共建、共赢及在医、教、产、学、研、融、用等各层面的交流与合作展开了深入探讨。

本次大会内容涉及国际卫生合作、医疗全球化、全球化医院建设与人才培养、中美医疗交流与合作、中美癌症诊疗技术创新与合作，以及全球医学投资等。

会议还将继续推动"中美百名医院院长互访计划"。此外，来自全球医疗健康相关领域的服务商也参会并进行商务交流。

此外，部分外企还开始关注病弱群体，希望服务、提高他们的生存能力。

2019年8月11日，SAP与中国精神残疾人及亲友协会（简称"中国精协"）联合举办的"孤独症青少年IT潜能辅助课程"实验班在北京顺利结课。来自全国的7名孤独症（又称自闭症）青少年参与了实验班的学习，并圆满结课。

该课程的开发于2019年4月正式启动，由SAP、中国精协、北京康纳洲孤独症家庭支援中心（简称"康纳洲"）共同组成研发团队，根据大龄孤独症人士职业发展需求和特质，发挥SAP人才发展战略和IT技术优势，在中国精协专家与一线教学团队参与下，重点编制了科技英语及以乐高为载体的编程思想辅导教程与教材。

课程面向12～15岁的孤独症青少年，侧重逻辑思维培养，启发他们编程兴趣，开发IT潜能，提升动手和创造能力。这是孤独症特殊职业教育领域的又一有益尝试，希望填补孤独症青少年人群兴趣培养的空白，为他们提供平等的教育机会。课程体系由SAP员工志愿者和他们的孩子倾情打造，兼具科学性和趣味性，可复制，易推广。由同龄人进行课程设计和讲解的创新模式，为SAP少年讲师与孤独症少年提供了平等交流、共同学习、建立友谊的环境。

中国精协主席温洪在接受《经济日报》记者采访时表示："孤独症群体的就业支持是家庭的迫切需求、社会的重大难题，也是中国精协关注孤独症'生命全程'的重点工程。我们发起这一项目，是由于孤独症障碍具有广谱性特点，也有与计算机思维高度近似的行为特质，所以开发其中高功能孤独症青少年计算思维培养模式，具有高度社会价值和实践意义。SAP 在这一项目上投入了大量的资源，其远见卓识和行动功效都非同凡响。"

美国弗吉尼亚大学特殊教育教授华又佳参与了课程设计和研究，他表示："如何以乐高为载体，让有能力的孤独症学生获得编程思想，从而引发对相关学科的兴趣，乃至成为他们今后的职业选择，这是当前孤独症干预领域中最前沿的课题。我们不仅探索了针对孤独症学生的有效干预策略，也提升了家长、教育者和社会对他们学习能力的认识，这将增加他们在今后接受平等教育和就业的机会。"

2019 年交付的课程包括编程思想和科技英语两个模块，每个模块包含 5 个单元，每个单元 4 个课时，每个课时 60 分钟，总课程共 40 小时。正式课程于 2019 年 9 月推出，康纳洲的专业特教老师和科研人员全程参与培训课程，共同完成教学体系架构的开发与完善；中国精协特聘的特殊教育专家将同步完成针对该课程，以及孤独症职业教育的行为干预科研课题。

"SAP 孤独症人才项目"自 2017 年落地中国以来，目前已为 3 名孤独症人才提供了就业岗位。2019 年年初，"SAP 孤独症人才就业先备技能学校项目"启动，针对 20 周岁以上高功能孤独症人士，为他们走上社会、准备就业提供辅导。

SAP 的积极实践，使孤独症人才项目的覆盖范围不断扩大，在全面帮助孤独症人群释放特殊潜能和融入社会方面，发挥了社会价值。

在培养健康生活方式方面，外企也做出了不少努力。

2019年8月24日上午，由麦当劳主办、中国宋庆龄基金会支持的第六届"为爱麦跑"在北京园博园爱心开跑。约1万名小朋友及其家长穿上亲子装、红白袜，小手拉大手完成爱心跑，共同助力"麦当劳叔叔之家"。

这场爱心接力于2019年8月14日自福州首发，杭州、成都、沈阳相继起跑，北京、武汉、苏州、大连等多个城市也随后加入，陆续发令"为爱麦跑"。

2019年参加"为爱麦跑"的城市总数与参跑总人数创下了历年来的新高。参跑总人数从2014年的8000名攀升至2019年的4.5万名。6年以来，已有超过20万名跑者参与，爱心跑里程累计达58万千米，相当于围绕赤道14圈。

中国宋庆龄基金会副秘书长唐九红表示："我们相信陪伴是最好的良药，希望在大家的共同努力下，'麦当劳叔叔之家'能够服务更多的病童家庭！"

服务科教　培育潜力

在科学教育方面，外企在华的主要公益活动围绕科技体验活动、公益课堂、公益博物馆科普教育等展开。

跨国布局

上海科技节是外企向中国学生提供科技产品体验服务的平台。2019年5月，以"万众创新——向具有全球影响力的科技创新中心进军"为主题的2019年上海科技节拉开帷幕。

作为科技节的重要活动组成部分，霍尼韦尔迎来了上海多所高校学生"走进500强"开放日主题活动。

上海高校科技爱好者应邀参观了霍尼韦尔科技体验中心，通过沉浸式互动体验，全面了解霍尼韦尔最新的技术、产品和服务如何帮助中国在高速的城市化进程中解决能源、安全、效率方面的挑战。

作为高科技互联工业企业，霍尼韦尔以解密互联"黑科技"为主题，在霍尼韦尔科技体验中心策划了一场"科学家派对"。

派对邀请了霍尼韦尔工业物联网领域的科学家、技术专家和企业高管，围绕互联飞机、互联工厂、互联建筑、互联零售四大领域，与学生分享霍尼韦尔的创新互联解决方案。

亲身体验是激发科学热情、传播科学思维的最好方式。这个活动的意义就在于，将最新的科技成果展现在学生面前，将最新的科学理念传递给了学生。

很多跨国企业还利用公益课堂，助力中国科教。参与公益活动的跨国企业，比如，有拉法基豪瑞、霍尼韦尔、巴斯夫、强生等。

总部位于瑞士的拉法基豪瑞集团是全球建材行业的领军企业，位列全球财富500强，业务遍及全球约80个国家，为客户提供丰富的建筑材料及施工方案。

该集团有个拉豪四川"小课堂·大爱心"公益项目。这一项目计划2019年度陆续在江油、成都、阿坝三地8所学校开展。目的是将公司健康、安全的文化理念传递到校园,有效预防和最大程度减少各类学生安全事故的发生。

2019年5月,该公司在四川省的全资公司——拉豪四川的"小课堂·大爱心"公益项目在距江油市90千米外的六合小学拉开帷幕。

拉豪四川将企业的善款和物资带给边远山区的留守儿童,并以公益讲堂的形式将健康安全的文化传递到校园。

2019年是霍尼韦尔在中国扶贫的第二个10年,霍尼韦尔携手中国航空集团有限公司(简称"中航集团")前往广西昭平,为偏远地区的青少年建立第一家青少年航空馆。

该科普馆分为科技知识与人文历史两个区域,为昭平青少年普及民航和科技知识,营造创新氛围。

霍尼韦尔还将结合中航集团已有的人才培训、交流项目,帮助培训能够独立承担科普教学的老师,为昭平县培养教育领域的人才。

航空业是工业领域的明珠,是培养科学、技术、工程和数学思维的启蒙金钥匙。然而,限于空间距离阻隔和教育资源有限等因素,通往外界的大门始终对昭平等偏远地区的青少年紧闭。

霍尼韦尔航空航天集团亚太区总裁林世伟表示："我们希望通过航空馆的建立，让青少年有机会了解航空及其背后的知识，激发学习兴趣和探索欲望。"

2019年7月，为庆祝元素周期表诞生150周年，中国科技馆"律动世界"化学元素周期表专题展正式启动，同时也为一年一度的"巴斯夫小小化学家科普教育活动"拉开序幕。

巴斯夫还专门开辟了"元素之旅"和"元素工坊"互动体验区，让观众能在整个暑假探索与发现化学元素背后的科学故事。

"律动世界"化学元素周期表专题展分为"律有其缘""元素探律""律以致用""万物归律"四大展区，通过70件展品展示化学元素神奇多样的性质及用途，讲述元素周期律对人类科研、生产、生活等的重要影响。

巴斯夫全球副总裁、中国首席代表伍德克表示："巴斯夫小小化学家让孩子们通过动手做实验，切实感受化学的魅力。"

"本次结合'律动世界'专题展，巴斯夫不仅提供了更丰富精彩的实验和互动项目，聚焦循环经济和食物营养等重要课题，还将比往年持续更长时间，让更多观众前来体验。"

除了科技主题的体验之外，弘扬中华优秀传统文化的公众教育项目也在外企活动中占据重要一席。

强生的子公司西安杨森制药有限公司（简称"西安杨森"）在关注和保护兵马俑20周年（2019年7月）之际，与秦始皇帝陵博物院

（简称"秦陵博物院"）联合推出"国宝在等待"公众教育项目，通过一系列科普活动，提升公众的文物保护意识，弘扬文化遗产精神，进一步推动文物保护在构建中华优秀传统文化传承体系中应起到的重要作用。

秦陵博物院院长侯宁彬表示："秦陵博物院自1979年开馆以来，40年间在文物保护和公众教育上取得了丰硕成果。在保罗·杨森博士、西安杨森和社会各界不断提供技术、人员等多方面支持下，文物修复取得极大进展。'国宝医生'向世人呈现了这些千年文化瑰宝。'国宝在等待'项目是双方合作20周年的见证，也将为双方开启合作的新篇章。"

自1999年起，西安杨森就与秦陵博物院协作，研究如何利用先进的抗真菌技术，解决已发掘的秦俑坑内遭受的霉菌侵害。20年来，西安杨森携手秦陵博物院深入探索文物的拯救和保护之路，在保护技术提升、保存环境改善、霉菌危害预防等方面提供支持，助力勘测、分析、问诊到修复的各个环节，为每一件文物保驾护航。

此外，西安杨森还协助秦陵博物院培育优质人才，建立起了一支行业领先的文物保护科研团队，并向全国同行提供技术支持。2018年，秦陵博物院与西安杨森共同启动的第四期文物保护修复项目，将合作延伸至公共宣传和教育领域。

本次以"国宝在等待"为主题的公众教育项目，将通过创意性文字、图片及视频等形式向公众展示秦俑被发掘、修复的过程，生动呈现文物背后的历史风貌及璀璨文明。

项目将精心策划一系列参与体验式活动，而后辐射各行各业和各个年龄层的公众，包括邀请、组织偏远和贫困地区的孩童及社会志愿者参与博物馆夏令营，通过亲身体验、近距离观摩和感受文物修复和保护不为人知的一面，了解"国宝医生"们是如何让沉睡千年的国宝"不再等待"，光彩地展现在人们面前，以此加深公众的文物保护的意识，号召他们加入守护文物的行列。

与弘扬中华传统文化相同，乡村儿童教育也是外企关注的重点。

2019年国际六一儿童节之际，乐高集团携手马云公益基金会，走进河北省秦皇岛市青龙满族自治县隔河头镇大森店村小学，开展了一场"创想乡村，筑梦六一"的乡村公益六一活动，同时开启双方为期三年的合作，以"寓教于乐"的方式赋能乡村教育，为更多乡村儿童带来学习和发展的机会。

数百名大森店村小学的学生通过创意拼搭环节，运用乐高积木颗粒发挥无穷的想象力，拼砌自己心目中理想的乡村少年宫。在充满乐趣和创意的乐高玩乐体验中，孩子们充分释放自身的创造潜能和奇思妙想，表达对未来校园生活的独特想法。

大森店村小学校长赵银凤说："同学们在玩乐和拼搭活动中所体现出来的沟通能力、互相协作和创造力，是对目前乡村教育非常好的补充，也让学生和老师进一步感受到了玩乐所能带来的积极、正面的作用。"

作为合作方之一，乐高集团为每一所乡村少年宫赞助用于儿童玩乐课的积木，此后，也将为更多中国乡村学校提供相关物资捐赠和"寓教于乐"理念教师培训，培养乡村儿童核心能力，包括创新能力、协作能力、批判性思维和解决复杂问题的能力等，预计将惠及超过3万名乡村学生和300名教师。

自2018年以来，乐高集团已向中国的公益组织和社区捐赠了2万多套乐高玩具套装。通过在社区开展的"寓教于乐"活动，激励了3.5万多名中国儿童的学习和发展。

服务企业　打造先进

在承担社会责任方面，为企业服务也是重要内容。这一项责任颇具特殊性，因为无论是扶贫、健康、教育还是环保，服务的对象或者是作为个体的人，或者是社会整体。而服务企业的对象则是市场经济的主体，能为我国企业的健康成长提供助力。

"企业家精神"已经成为现代社会的热词，广受关注。中国企业家是改革开放以来推动我国经济快速发展的重要角色，已成为中国特色企业传承的精神核心。很多优秀的企业背后都有一群优秀的企业家。

瑞信中国区投资银行与资本市场部联席主管李宏贵曾表示："我们推崇那些具有企业家精神并促进经济和社会进步的有志之士，他们的愿景、勇气、个人使命和坚毅，助力他们克服挑战、引领和塑造、变革世界的创新。中国作为全世界第二大独角兽企业诞生地，见证着这些行业颠覆者为中国经济带来了引人瞩目的强劲增长。"

可以说，企业家精神也是生产力，而中国企业家群体也越来越得到外企认可。

但是，也要认识到，相比欧美日，中国品牌企业、传承悠久的企业数量还比较少，绝大部分是新企业，全球知名的企业家也较少，且正面临领导者换代的问题。如何确保中国企业的竞争力？适当借鉴参考西方经验，包括学习成熟企业的成功案例和优秀企业家的精神特质，不失为一种打造更多中国成功企业的捷径。在中国开展评选活动对中国企业家精神培育、推动竞争、催化先进企业将起到积极的作用。

"安永企业家奖"是世界上最负盛名的国际商业奖项之一。这一全球公认的奖项旨在表彰那些以非凡的远见、超群的领导才能和卓越的成就激励他人的杰出企业家们。该奖于1986年在美国首次举办，至今已扩展至60多个国家和地区及140多个城市，全球千余名已经获得成功及最富创新精神的杰出企业家们曾获此殊荣。2006年，这一奖项在中国首次举办，目前，已成为在全国范围内广受赞誉的奖项。

第八章 公益中国 共同发展

"2019年安永企业家奖"开始于5月28日,评选活动以"凝心聚力、继往开来"为主题,旨在进一步凝聚中国社会各界对企业家精神的共识,表彰并分享各行业卓越中国企业家的成功故事,促进跨行业、跨领域交流与对话,以期对中国企业有所借鉴和指引,并产生更广泛的影响,共同推动中国经济社会的进步与发展。

要成就优秀的企业,有优秀的企业家只是一方面,适应时代发展,在安全生产上适应更高标准、可持续发展,也日益成为衡量优秀企业的一项重要标尺。

2019年6月底,合成橡胶公司阿朗新科在常州三元乙丙橡胶工厂举办"公众开放日暨2019中外石化企业同心共建可持续社区活动"。

本次开放日以"推动循环经济,共建安全文化"为主题,旨在联合业内各界,共同探讨行业可持续发展愿景,携手提升化工企业安全意识,打造安全品牌与文化。公众开放日还响应了国际化学品制造商协会的相关倡议,为拉近企业与公众的距离,交流循环经济理念创造了有效途径。

提升安全生产与监管水平已经成为化工行业向前发展不容缺失的一环。

作为开放日活动的重点,阿朗新科开展了以"建立健全安全管理体系,助力化工企业安全升级"为主题的安全研讨会,就如何优化企业及行业安全生产管理等话题,与政府代表和行业人士等进行了深入讨论。

  应当看到，安全事故频发在近年来广受社会关注。在这方面，外企宣传安全生产的案例并不多，可以成为外企在华履行社会责任的一个重要方向。

第九章

疫情不能阻挡投资中国

进入 2020 年，突如其来的新型冠状病毒性肺炎疫情（简称"新冠肺炎疫情"）在全球蔓延，全球跨国直接投资处于严重低迷状态。但是，经过中国人民的艰苦努力，新冠肺炎疫情在中国得到有效控制，在华外企积极复工复产，一批重点外资项目陆续签约落地。多位外企负责人表达了这样一个态度：企业将与中国市场"共同成长"。

第九章 疫情不能阻挡投资中国

有序积极复工复产

梳理众多外企疫情期间在华投资布局的动作或计划可以发现,"共同成长"并非简单表态,而是准确表述了外企在华发展策略,即不断深耕细作中国市场,追求与中国经济同频共振。

疫情发生以来,众多在华外企一边参与抗击疫情,一边积极复工复产。在全球众多国家和地区经济长时间停摆的情况下,中国市场为跨国公司稳定全球业绩发挥了重要作用,跨国公司在中国积极进行复工复产,也体现了对中国市场坚定不移的信心。

作为防疫物资生产的重点公司,霍尼韦尔在华的21家工厂很快便全面复工。为了保障安全复工复产,霍尼韦尔建立了严格的复工机制,如员工凭证入厂并接受体温检测,每天早、中、晚三次消毒,对所有外来车辆、送货人员都进行登记、测温,对物料进行消毒等。

同样实现快速复工的还有著名药企——阿斯利康。截至2020年2月10日,阿斯利康中国除湖北地区以外已经基本全面复工。其中,无锡供应基地为确保向患者持续供应创新药物,于2月3日部分复工,2月10日进一步复工,泰州供应基地已于2月10日复工。

疫情暴发伊始,美国嘉吉公司成立了亚太和中国区疫情管理小

跨国布局

组,从公司领导层到生产一线,从工厂生产运营到企业员工管理,持续跟进疫情进展,形成体系化的生产管理预案和人员管理方案。复产工厂处于较为良好的运转状态,产能、产品质量都有保证,在家办公的员工借助线上方式保证交流顺畅,彼此间沟通协调,合作生产效率完全没有受到影响。虽然疫情带来了一些不确定性,嘉吉公司整体依然处于正常稳定的运营当中。

卡特彼勒在中国约有20家制造工厂,员工超过11000人。大部分工厂的运营已于2020年2月10日恢复。卡特彼勒全球副总裁陈其华表示,卡特彼勒一直把确保卡特彼勒员工的安全和健康作为工作重点,每天认真做好监测。"我们坚信,中国终将打赢这场艰难的战'疫'。我们将继续与客户和产业链合作伙伴一起共同努力,建设一个更加美好的世界。"

丹佛斯中国各园区及办事处采取了一系列有效的安全防护措施,为复工做好充分准备,确保员工复工后的健康安全。截至2020年2月13日,中国区包括镇江市、海盐市、武清市、鞍山市、太仓市,以及上海市在内的所有园区均已陆续通过了当地政府的复工审批,开始恢复生产和日常工作。

2020年4月8日零时,武汉市"解封"。在做好疫情防控的前提下,企业复工复产按下"快进键"。随着武汉市疫情防控形势稳步向好,在武汉光谷,有超过1000家外资企业开始全部复工复产。

湖北省的餐饮服务业也陆续开始启动。从3月30日起,湖北省近百家麦当劳餐厅恢复营业，在安全服务的前提下，开启"无接触配送"服务，以及"无接触到店取餐"服务。4月7日起，麦当劳湖北省内所有营业餐厅全面恢复外带服务。沃尔玛在湖北地区的所有门店线下全面恢复，线上运力也已回归正常水平，提供全渠道服务，满足当地居民的安全购物需求。

上海迪士尼乐园于2020年5月11日重新开放，欢迎各个年龄段的游客回到这个充满欢乐的地方，尽享绚丽缤纷的春日，并再次沉浸在迪士尼的神奇之中。由于运营初期乐园采取限流措施，进园客流最多仅为日最高承载量的20%，因此重新开园首日，游玩舒适度很高。

在乐园正式开园之前，一场特别的庆祝仪式在换上春季新装的"花样米妮"花坛前举行。来自乐园各个主题园区的演职人员和受邀的迪士尼游客与嘉宾一起，加入米奇和他的朋友们、达菲和他的伙伴们、漫威超级英雄、迪士尼公主、玩具总动员的伙伴们等30多位迪士尼朋友的队伍，共同见证这一重要而特殊的时刻。

上海迪士尼度假区总裁兼总经理薛逸骏表示："自3月初迪士尼小镇、星愿公园和上海迪士尼乐园酒店恢复运营以来，来自广大游客和迪士尼'粉丝'们的热情和鼓励让我们备受感动。今天，在我们的演职人员和各方的不懈努力和支持下，我们非常高兴重新开放上海迪士尼乐园，共同铭记这个充满欢乐的时刻，期待和欢迎游客回到这个神奇的地方。"

跨国布局

上海迪士尼度假区与上海相关监管部门在乐园重新开放事项上保持密切配合。在恢复运营初期,乐园将实施一系列新的运营举措和流程,包括实行限流,要求游客提前购票及预约入园;在乐园内的排队区域、餐厅、游乐项目和其他设施安排安全距离;增加卫生消毒的频次等。

薛逸骏表示,这几个月来,上海迪士尼一直在政府的指导下,做着一切必要的防疫工作。"在疫情暴发的初期,我们对员工采取了居家隔离措施,在此期间,对演职人员进行了在线培训,鼓励和支持他们积极面对疫情,保持身心健康。上海迪士尼度假区拥有1万多名演职人员,与我们开展业务往来的合作伙伴人数更多,我们深知自己身上的责任,始终保持审慎的原则和态度。"

对于未来发展,薛逸骏表示:"我们十分有信心能经受住此次考验并强势回归。在历史上,迪士尼已经多次证明自己有很强的复原力,我们卓越的讲故事能力和消费者对我们品牌的深深喜爱,更加增强了这种自我恢复的能力。目前,上海迪士尼乐园第八个,也是最新的主题园区——疯狂动物城主题园区的建设,这期间也开始了打桩工作,为疯狂动物城内的建筑、街道打下了坚实的地基。我相信上海迪士尼度假区未来一定能深耕中国市场,为游客带来更多惊喜。"

薛逸骏还表示,非常感谢上海市政府、浦东新区政府、上海国际旅游度假区管委会,以及迪士尼的中方合作伙伴——申迪集团,"他们给予我们很大的支持,每天都能从他们那里得到非常专业的建议,上海迪士尼乐园能够重新开园,离不开他们的支持与帮助。"

如薛逸骏所说,在华外企实现复工复产过程中,中国各级政府为企业提供了很多有力的支持举措。

阿斯利康是一家以创新为驱动的全球性生物制药企业,始终相信"科学,激发无限可能",并将科学作为一切工作的重中之重。面对疫情,阿斯利康全体员工以一种积极、科学的心态防疫抗疫。

为实现安全复工,阿斯利康采取了一系列防护措施。例如,公司启动了全国员工健康实时报备体系,密切关注员工健康,并上线"阿斯利康全国员工疫情监测地图";鼓励员工居家办公,降低交叉感染,如需进入办公室,需要提前一天申请报备;为员工提供一系列线上业务培训,并推出了一系列线上的数字化平台和工具,为员工居家办公创造便利条件等。

阿斯利康相关负责人表示:"无锡是阿斯利康的中区总部,也是生产运营和商业创新基地。阿斯利康无锡生产运营基地向全球约75个国家和地区输送药品。为了支持企业复工,无锡政府为阿斯利康提供了一次性医学口罩帮助公司复工。另外,从物流保障、员工返锡及社区进出、配套企业的加速复工方面,无锡政府也都给予了公司很大的帮助和支持。"

我国政府出台了一系列相应政策措施,包括积极的财政政策、有针对性地减税降费等，帮助企业缓解经营困难，也保障各地的疫情防控，阿斯利康也是受益者之一。

阿斯利康全球执行副总裁、国际业务及中国总裁王磊表示："阿斯利康将抗击疫情视为己任，持续不断地为疫情防控提供支援，竭尽所能在全球范围内协调资源，以实际行动向坚持在抗击疫情一线的医护人员与病人提供全力帮助。在此次疫情中，中国经济继续展现出的极强的韧性，也让我们充满信心。疫情对经济的影响是暂时性的，不会改变中国经济长期向好的基本面。中国经济对世界的经济增长贡献有目共睹，我们看好中国强大的经济潜能，将继续在行动上支持中国经济的发展并与之共同成长。"

及时复工复产的成果也反映在很多经济数据的良好表现上。2020年4月9日，由中国乘用车协会（CPCA）公布的最新数据显示：3月，中国纯电动车的批发销量为47000辆。其中，特斯拉在中国的销量达到了10160辆，占据中国电动汽车销量的30%，并创造了单月最高销量纪录。

因为疫情影响，特斯拉基本关闭了中国以外的主要生产基地，交付的压力落到已经全面复工的上海超级工厂身上。得益于中国抗疫形势向好，复工复产有序推进，加上上海特斯拉的不俗表现，特斯拉2020年第一季度总产量和交付量超出外界预期，这为特斯拉的全球运营打下坚实基础。此外，有分析认为，特斯拉的销售模式也是主要因素之一。特斯拉正在推广"非接触式交付"，购买者可以通过 APP 在送货停车场解锁新车，这使得特斯拉能够覆盖更广的范围。

从全国各地的普遍情况来看，工厂在复工前首先需要向当地政府提出申请，随后政府派人员到工厂检查，查验合格并拿到复工批文后，企业才能组织复工复产。疫情得到控制之后，各地政府的批复速度普遍较快，以尽快促进各企业复工复产。

政策支持与市场潜力的叠加，增强了外商长期在华投资经营的信心。企业积极复工，其重要原因之一就是中国市场对跨国公司有着极大的吸引力，市场重要性不可替代。众多在华外企负责人表示，对于中国战胜疫情充满信心，对中国经济的光明前景充满信心。

安利全球 CEO 潘睦邻表示，"面对突如其来的疫情，中国政府采取了积极有效的措施、科学果断的行动，为保障公共卫生安全做出了巨大努力"。中国政府果断动用一切资源和手段，组织救援力量，修建应急医院，集中收治病患，科学恢复生产，有效控制疫情蔓延，值得高度赞赏，中国的这些措施让国际社会增加了对中国和世界经济的信心。

全球领先的半导体公司英飞凌科技大中华区总裁苏华说，英飞凌在中国市场的长期发展战略不变。"虽然此次疫情给我们带来了短暂的挑战，但我们始终相信中国经济的强大韧劲和市场潜力，相信在政府的领导与社会各界的努力下，中国经济一定能重现非凡活力。"

霍尼韦尔中国总裁张宇峰说："霍尼韦尔在中国的 21 家工厂

本周已经全面复工。他们不仅承担中国客户的订单，也担负世界其他地方的订单。我们相信中国制造的力量，也坚信中国经济的韧劲。"

响应中国国家发展战略

近年来，跨国公司投资中国的步伐越发注重响应中国的国家发展战略，并在此过程中实现与中国市场的互惠共赢。疫情期间，这样的趋势依旧在延续。

作为国家重要发展战略，长三角区域一体化发展和粤港澳大湾区建设近年来稳步推进。凭借良好的市场基础、完善的供应链体系，以及国家利好政策的吸引力，长三角和粤港澳大湾区吸引了众多外企加大投资力度。即便新冠肺炎疫情带来了很多不确定因素，依然不能阻挡外企投资这些区域的热情。

2020年4月22日，埃克森美孚在粤港澳大湾区投资建设的广东惠州乙烯项目举行"云开工"仪式，该项目是美国企业在华独资建设的首个重大石化项目，总投资约100亿美元。项目体量之大，开放程度之高，引发广泛关注。

巴斯夫广东新型一体化基地项目的首批装置于2020年5月30日正式在广东湛江打桩开建，这一总投资额达100亿美元的项目正式步入土建阶段。这是该项目自 2019 年 11 月正式启动以来的又一重要里程碑。项目首批装置将生产工程塑料及热塑性聚氨酯，以满足华南地区及整个亚洲市场多个增长行业的客户需求。

外企在长三角地区的投资热情同样高涨，增资扩容的消息频频传来。2020 年 2 月，著名美国超市开市客计划在上海推出第二家门店。根据协议，开市客将在这里设立中国区域总部，并开设会员俱乐部零售旗舰店。

2020 年 3 月，陶氏公司宣布未来 5 年对张家港基地增资至少 3 亿美元。同样是 3 月，星巴克宣布将在昆山打造咖啡创新产业园项目，首期投资 1.3 亿美元。

"得益于全球化、城市化等发展浪潮，以及人们对可持续发展这一议题的日益重视，我们看到各行各业尤其是中国及亚太市场对更创新、更具可持续性的特种有机硅产品的需求不断攀升。"陶氏公司功能性材料和涂料业务总裁葛茂儒说。

星巴克也表达了立足长三角发展的信心。"中国是我们最重要的市场之一，星巴克中国咖啡创新产业园是我们一项意义深远的战略投资。"星巴克中国董事长兼首席执行官王静瑛表示，"此举再次彰显了我们对中国市场长期发展的决心。"

长三角地区作为国家战略的自由贸易试验区，坚定地走在扩大对外开放最前列，为外企在华发展提供了很大支持。自贸区外商投资准入负面清单已从最初的 190 条缩减到 2019 年版的 37 条。一项项实实在在的举措吸引了众多外企。2020年第一季度,全国18个自贸试验区实际利用外资289亿元,占全国的13.4%。

随着《海南自由贸易港建设总体方案》的公布,海南自由贸易港正吸引着越来越多海内外投资者的目光。

德勤会计师事务所是世界四大会计师事务所之一。2020年1月,德勤中国正式成立了海南办公室。德勤中国合伙人林珏表示,海南自贸港政策将给德勤在海南带来大量的业务机会。他分析指出,一方面,德勤可以服务政府,为政府提供营商环境等研究分析,提升当地营商环境;另一方面,自贸港政策将吸引大量国内和海外企业进驻海南,在这个过程中,德勤可以帮助国内企业和跨国公司落地海南开展业务,并帮助他们通过海南去投资"一带一路",进行国际交流合作。"德勤现在把海南作为未来很大的一个增长点来看。"

博鳌乐城国际医疗旅游先行区是海南自贸区(港)开放的重要窗口和试验田。11家跨国药械厂商向乐城先行区表达坚定看好自贸港建设前景,加速新药新械在乐城先行区投放的意愿。强生公司对外事务和市场准入副总裁王金鹤表示,强生公司在乐城先行区布局了"强生博鳌创新链"等合作项目,将进一步与乐城先行区合作,把人才、技术、药械等落入园区,支持园区与世界先进水平对接。

武汉受此次疫情冲击最大,但是疫情并没有妨碍外企看好武汉的发展前景。2020年5月19日,霍尼韦尔在武汉启动新兴市场中国总部及其创新中心,这也是2020年第一个在武汉成立公司的世界

500强。该总部业务范围涵盖公司智能建筑科技、特性材料和技术、安全与生产力解决方案三大业务集团的管理、研发、销售以及其他服务。新兴市场总部选址武汉，主要考虑其区位优势。武汉是中国中部地区中心城市，有着良好的投资环境、创新氛围和人才资源，同时也是中国重要的工业基地、科研基地，可以更好地辐射广阔的中国中西部市场。

霍尼韦尔中国区总裁张宇峰表示，武汉是霍尼韦尔最好的选择。经过此次疫情，武汉特别是东湖高新区展示出在智慧城市等领域的产业能力及应用市场优势，发展芯屏端网的武汉在新材料领域也已布局产业链，"我们相信落户武汉是正确且具有前瞻性的选择"。这一举措将进一步深化霍尼韦尔"东方服务于东方"的在华发展战略。

此外，进入2020年，中国扩大金融业开放的步伐稳步前行，吸引了众多外资布局其中。

继中国2018年将寿险公司外资持股比例上限由50%放宽至51%之后，自2020年1月1日起正式取消经营人身保险业务的合资保险公司外资比例限制。一些寿险公司的投资布局有了新的变化。

2020年1月16日，中国首家外资独资保险控股公司、德国安联集团在中国的控股企业——安联（中国）保险控股有限公司在上海宣布正式营业。

据安联测算，中国未来10年将贡献全球新增保险费的1/3，且

跨国布局

由于市场保险渗透率较低，未来10年中国市场将保持双位数高速增长。安联此举势必有利于其优化全球业务布局，扩展中国市场机会，培育业务新增长点。安联高管表示，将在中国探索更多业务，进入更多领域。这可以被视为外资金融机构在华迈入全新发展阶段的风向标。

银行卡市场开放是我国金融业开放的重要组成部分，有利于推动我国支付清算服务更加开放化、国际化发展。批准万事网联公司银行卡清算机构筹备申请，是我国扩大金融业对外开放、深化金融供给侧改革的又一具体反映。

2020年2月11日，中国人民银行官网发布消息，人民银行审查通过万事网联公司银行卡清算机构筹备申请。万事网联公司是万事达卡公司在中国境内发起设立的合资公司，作为市场主体申请筹备银行卡清算机构，运营万事达卡品牌。

目前，万事达卡、VISA和美国运通卡都已申请在中国建立银行卡清算服务，这将使它们能够开始在全球最大的移动支付市场发卡和处理与商户的交易，估计每年的交易额将超过129万亿元。专家表示，开放银行卡清算市场有利于为银行卡产业各方提供多元化和差异化的服务，提升我国银行卡清算市场整体竞争力。

2月17日，资产管理规模破千亿美元规模的美国橡树资本在北京注册了一家全资投资管理公司，经营范围包括投资管理、投资咨询、资产管理。这是抗击疫情期间首批在京落户的美资私募机构。

这次投资并非橡树资本首次进入中国市场，此前在中国已经通过合资等方式投资了数十亿美元。橡树资本相关负责人表示，设立子公司是因为对中国经济和资本市场保持长期乐观态度，对中国长期基本面有信心，认为疫情的影响只是短期因素扰动，不会改变中国经济长期向好的大趋势。

而设立全资子公司是橡树资本借中国金融开放东风在华拓展业务的重要一步。有分析称，该公司正争取全方位进入中国刚刚开放的不良资产处置市场，这或能带来先进投资管理经验、提升市场效率。

自2020年4月1日起，中国正式取消证券公司外资股比限制，进一步开放证券市场。对此，外企早已纷纷跟进。早在2020年3月27日，高盛获得中国证监会核准，在高盛高华证券有限责任公司的持股比例将从33%增至51%。同一日，摩根士丹利也表示将获得合资券商摩根士丹利华鑫证券有限责任公司的控股股权，持股比例将从49%升至51%。至此，中国已有5家外资控股券商获批设立，包括瑞银、野村东方国际等。此外还有10家合资券商，18家合资券商正在排队申请设立，首家100%外资控股券商有望在不久后诞生。由此看来，国际投资者仍然看好中国经济长期发展前景。在中国金融市场加码布局成为它们的重要选择。这也说明，近年来中国证券行业的对外开放进程明显加快，疫情带来的短期负面效应并没有影响这一进程的长期向好趋势。

跨国布局

据北京市金融监管局官网消息，中信保诚资产管理有限责任公司于 2020 年 3 月 31 日在北京完成注册。这是 2020 年以来在京落户的第一家合资保险资产管理公司，也是首都金融业开放进程的生动缩影。中信保诚资产由中信保诚人寿保险有限公司出资设立，于 2019 年 12 月获得银保监会开业批复。官网显示，中信保诚人寿成立于 2000 年，由中国中信集团和英国保诚集团联合发起创建。而英国保诚集团创立于 1848 年，自 1890 年开始便已是英国最大的人身险公司。

近年来，北京金融营商环境持续优化，金融支持政策不断提升。自 2018 年以来，已有标普、惠誉、穆迪三大评级机构及多家国际知名金融机构落地北京。作为中国唯一的服务业扩大开放综合试点城市，北京金融业开放的大门会越开越大，相信未来将有更多的外资金融机构选择北京作为在华发展的重要战略布局。

紧跟中国经济热点和市场趋势

2020 年，"新基建"成为中国经济热词，相关支持政策密集出台。在华外企普遍表示，"新基建"将成为中国经济高质量发展的重要助推力，也将为在华外企带来更广阔的发展空间。

多家在华外企负责人表示，"新基建"是未来产业升级发展必不可少的重要基础设施支撑。"新基建"相关产业的发展,将带动产业结构优化升级,提高社会资源配置的效率,推动中国经济高质量发展,并给在华外企带来更多发展机遇。

科尔尼管理咨询公司全球合伙人、大中华区物流供应链和数字化业务负责人宋旭军认为,"新基建"带动面广,具有巨大的经济拉动效应,能撬动广泛的上下游产业链环节,具有很强的"乘数效应"。"新基建"投资能推动涌现一系列新技术,激活大量的创新业态,创造更多就业机会。

以 5G 为例,据中国信通院预测,2020—2025 年,我国 5G 商用直接带动的经济总产出达 10.6 万亿元,间接拉动的经济总产出约 24.8 万亿元。

高通中国区董事长孟樸认为,5G 能够实现机器间大规模互联,有助于大大促进互联网经济、人工智能、工业互联网等新技术产业和数字经济的发展。"在'新基建'相关政策指导下,三大电信运营商 5G 建设正在'加速跑'。中国将在未来成为最大的 5G 市场,中国在高通全球业务发展中扮演的角色也将越来越重要。"孟樸说,"现在,我们的骁龙移动平台和 5G 调制解调器及射频系统正在赋能中国乃至全球第一批 5G 设备。在网络侧,根据运营商公布的信息,中国三大运营商计划在 2020 年建成超过 50 万个 5G 基站,我们也一直和运营商共同推动 5GSA 网络部署,这项工作在疫情期间也一直在持续。"据悉,高通正在与业界紧密合作,推动 5G 下一阶段的技术发展。

面对"新基建"带来的广阔发展机遇,不少在华外企已经纷纷行动,加码投资布局相关领域。

G7是一家以物联网技术为基础的公路货运服务平台,其副总裁兼首席战略官宋旭军表示,中国的"新基建"带来的科技成果将通过企业间合作与全球贸易由全人类共享,在满足世界消费者需求的同时,也将助推国外相关产业发展。"本次疫情期间,中国机构利用大数据、人工智能等技术进行基因序列分析,快速分离识别病毒,并及时通报世卫组织和其他国家。中国医疗专家也积极通过多种渠道向其他国家同行及时分享中国的抗疫经验等。这都说明中国科技发展之后,能够极大地回馈给国际社会。因此,中国的'新基建'能够为全球经济长期发展提供基础设施和高质量供给,为世界经济注入长期、可持续的发展动能。"宋旭军说。

施耐德电气全球执行副总裁、中国区总裁尹正表示,"新基建"将加速数字化发展,而数字化转型涉及软件开发、软硬件融合、系统集成,以及数据分析、智能化控制等多个环节,并且还要落地到具体应用场景,这需要产业链上下游企业共同努力,非一家之力可以完成。除了头部企业之外,中小企业也能够发挥巨大作用。

为了进一步把中小企业纳入推动数字化转型的版图中,施耐德电气携手联想、AWS和清华全球产业研究院共同发起"共创生态圈,共筑工业梦——绿色智能制造创赢计划",为工业生态用户、中小型企业和开发者提供平台和培训，促进中小企业开发出可复制推广的工业场景解决方案，使其加速成长为优质绿色智能制造工程和系统集成解决方案提供商。

近年来，中国跨境海淘和境外购物的兴起催生了外币卡的需求。2020年5月13日，VISA与腾讯、广发银行达成合作，正式发布首张联名信用卡。这也是腾讯联合卡组织、银行首次发布外币信用卡。此次三方合作，一方面通过资源的整合，满足跨境和境外消费人群的需求，在使用时省却了兑换外币的烦恼，让喜欢海淘的用户真正做到足不出户也能"全球购"；另一方面，银行、支付平台、卡组织的合作也可以探索更多的合作模式，为用户提供更好的消费体验。

VISA大中华区总裁于雪莉表示，VISA始终致力于不断扩大并深化与中国支付产业伙伴的合作，加速数字支付服务的创新。此次合作将为持卡人提供流畅、便捷、安全的跨境支付体验，满足中国消费者日益增长的、多元化的海淘需求，以及未来的跨境消费需求，构建中国与世界的支付桥梁。

中国的互联网经济一直处于国际领先地位，消费者具有很强的互联网消费习惯，这也吸引了众多跨国公司为此而积极布局。

2020年5月28日，美国共享民宿企业爱彼迎"线上体验"正式面向中国用户开放。"线上体验"其实就是通过互联网向用户提供远程游览服务，让用户借由视频音频等在家"周游世界"。这一模式也可被称为"云旅游""宅游"等。当前，新冠疫情冲击全球，由于各种封锁措施，人流物流被大范围阻断。这对于全球旅游业来说，损失惨重。据《世界旅游晴雨表》预测，2020 年全球国际游客数量将同比下降 58%～78%，损失达 9100 亿～12000 万亿美元，一大批旅游相关企业及其就业受到影响。为此，推出"在线旅游"成为众多旅游从业者面对市场危机的应对之策。爱彼迎此举无疑也是一种减少疫情冲击、开发新业态的有益尝试。把这种尝试放在中国，也是看中中国消费者具备很强的线上消费习惯。

2020 年 4 月 15 日，卡地亚天猫旗舰店预售了其标志性限量腕表。这是卡地亚首次在网络平台面向客户推出独家限量作品，突破以往的传统线下精品店发售模式。作为一向对销售渠道极度看重的奢侈品品牌，卡地亚此举体现了公司希望紧紧抓住中国市场数字化机遇的极大决心。对此，卡地亚全球总裁兼首席执行官思礼乐表示："通过与天猫的深化合作，我们得以抓住战略机遇，在中国快速发展的数字化潮流中占得先机，以合乎时代的创新方式加强与客户的联系。"

除了卡地亚外，爱茉莉太平洋旗下某专业男士彩妆品牌宣布将进驻天猫国际，并将上架两款新产品。而此前，宜家、科勒等全球领先的企业与天猫合作开设旗舰店，特斯拉也宣布开设天猫旗舰店。日本的骊住集团也宣布与京东合作，正式推出骊住厨卫京东官方旗舰店，为中国消费者带来更为卓越的一站式厨卫家装解决方案。他们不仅把线下店搬到网上，而且根据中国互联网平台的特点重新定制展示空间，希望带给消费者媲美线下的消费体验。

2020年第一季度，欧莱雅中国实现了6.4%的逆势增长。疫情没有阻挡消费者对美好生活的向往，欧莱雅顺势在中国推出新的企业战略"HUGE美好计划"。同时，为满足宅居在家的人们对美妆产品的需求，欧莱雅在旗下20个品牌的各大平台推出"云课程""云咨询"、在线虚拟试妆、在线肌肤检测等"非接触"式服务，不间断地为消费者提供个性化消费体验。

技术含量不断提升

随着中国经济转型升级，外企在中国的制造业、服务业等领域投资了越来越多的高新技术项目。这与中国经济高质量发展的趋势和在全球产业链不断向上攀升的态势相吻合。

从一年来中国吸引外资的细分数据可以明显看到这一趋势。2019年，中国高技术产业吸收外资增长25.6%。其中，信息传输、软件和信息技术服务，租赁和商业服务业吸收外资分别增长29.4%和20.6%；医药制造业、电器机械和器材制造业、仪器仪表制造业外资分别增长61.3%、41.2%、48.2%。2020年1—4月，高技术产业实际使用外资同比增长2.7%。其中，信息服务、电子商务服务、专业技术服务同比分别增长46.9%、73.8%、99.6%。

2020年5月15日，天津开发区以网络连线的形式与德国纬湃科技混合动力及电动汽车系统亚太区研发中心项目签约。该项目计划新建研发测试及生产管理中心大楼，并引入全球领先的研发测试设备。项目落成后，天津工厂将成为其混合动力及电动汽车系统亚太区研发中心及主要生产基地，相关研发产品转化所带来的销售额、税收、产值及专利等均计入天津工厂。

日本AGC集团是全球最大的综合玻璃制品厂商。AGC目前正在与深圳市华星光电半导体显示技术有限公司合作，目标是建设世界最先进的工厂，生产世界最先进的玻璃基板。

AGC株式会社执行董事、AGC集团中国总代表上田敏裕表示，中国经济在世界经济中的重要地位和作用是不会改变的。凭借差异化的技术和在全球取得的经验，AGC对持续深耕中国市场充满信心。

此外，随着中国市场重要性的日益提升，外企把越来越多的高技术含量产品推向中国市场，甚至把中国市场作为首发地。

2020年4月20日，西门子新一代过程控制系统——SIMATIC PCS neo的全球首个应用落地中国。西门子将为在成都新建的三道堰第二污水处理厂数字化污水处理示范项目提供软硬件解决方案。该项目建成后将对当地水污染治理、水质保护和生态平衡起到至关重要的作用。

当前，在以云计算、大数据、人工智能与区块链为代表的数字技术引领下，生物技术、新材料技术、新能源技术交叉融合，正在推动全球新一轮科技革命和产业革命加速前进。中国作为世界网络大国和数字经济大国，更加重视发展数字经济，在创新、协调、绿色、开放、共享的新发展理念指引下，正积极推进数字产业化、产业数字化，引导数字经济和实体经济深度融合，推动经济高质量发展。数字化建设的加快布局，为外企在华扎根发展提供了巨大动能。

2020年1月7日，安永大中华区第29家分所正式落户昆明市，为云南省各类机构和企业提供优质的审计、税务、交易和咨询等方面的专业服务，为云南省新一轮产业发展和升级提供助力。

安永会计师事务所是全球四大会计师事务所之一。此次安永落地昆明市共5家机构，包括：安永华明会计师事务所云南分所、安永（中国）企业咨询有限公司云南分公司、安永（上海）税务师事务所有限公司云南分所、安永中恒工程造价咨询有限公司云南分公司及上海至信资产评估有限公司云南分公司。

安永相关负责人表示，云南生物医药和大健康、信息、新材料和先进装备制造等重点产业培育成效明显，面向未来的现代化经济体系加速形成。下一步，安永将全面升级在滇业务，为云南高质量跨越式发展贡献力量。

美国体育用品公司耐克于2020年1月8日宣布，与中国田径协会就赞助合作完成续约，期限长达12年。近年来，耐克在中国市场探索数字化转型,既推出了天猫旗舰店和微信小程序,也在中国落地全球首家跨品类旗舰店,能够更方便地为顾客提供定制服务。耐克在中国的深耕卓有成效。据了解,耐克在大中华区已经实现连续22个季度营收两位数增长,单季营收已达十几亿美元。

2020年1月9日,BP风投宣布投资能源管理专家R&B,成为BP在中国人工智能技术领域的首次投资。BP风投部门通过对技术相关领域开展广泛投资,寻找潜在机会,帮助BP实现运营过程中的温室气体减排,以及改进产品和服务,帮助客户降低排放,开拓新的低碳业务。BP中国董事长兼总裁杨筱萍表示:"中国是全球的技术创新领导者之一。投资R&B是BP积极参与中国市场的又一举措。"

数字时代下,拥有供应链综合服务能力与强大资源整合力的平台商将成为流通商业的重要崛起力量。2020年1月10日,SAP宣布与国内领先的供应链服务上市企业深圳市怡亚通供应链股份有限公司达成合作。双方将共同推进"供应链+"数字化、智能化、平台化的转型升级。率先利用SAP智慧企业核心套件S/4HANA,建立面向管理、管控、合规的强大后台系统,夯实企业管理运营基础,实现业财一体化。通过合作,SAP将为深圳市怡亚通供应链股份有限公司以科技创新驱动业务转型,全面建设企业数字化管理,加速行业生态构建,长效提升企业竞争力和国际影响力提供助力。

立足本土化与中国企业深度合作

曾经，外企以其领先的技术水平和管理经验，成为很多中国企业成长的"老师"。如今，越来越多的"学生"成长起来，通过与外企建立平等且深入的合作关系，实现双方互利共赢、共同成长。随着中国企业技术水平和管理水平的不断提升，外资企业与中国企业研发合作的层次也在不断加深，成为外企实现研发本土化的一条重要路径。

美国礼来制药在上海成立的礼来中国创新合作中心，定位便是致力于与中国生物技术公司、制药公司及科研机构深化合作关系，加快创新药物的发现和早期开发。近年来，礼来与中国企业的研发合作层次不断深入，诞生了不少具备市场领先水平的成果。例如，礼来携手信达生物制药共同开发的创新 PD-1 抑制剂达伯舒（信迪利单抗注射液）已列入 2019 年版国家基本医保目录。

瑞士制药巨头罗氏日前宣布 2020 年将进一步加大投资其位于苏州工业园区的罗氏诊断亚太生产基地和研发中心，拟新增投资总额为 1.8 亿美元，累计投资总额达 4.79 亿美元。新增投资将用于包括组织诊断染色平台试剂和专业诊断试剂在内的各个体外诊断试剂生产建设与产品线转移项目。此次增资将进一步深化罗氏诊断在华的

跨国布局

战略布局。位于苏州工业园区的罗氏诊断亚太生产基地是罗氏诊断在亚太地区的首个生产基地和全球第八大生产基地。在疫情对全球投资造成冲击的特殊时期，江苏省凭借精准高效的服务、完善的产业配套、创新的招商方式等，增强了外商投资信心，推动了外资经济持续高质量发展。

罗氏诊断产品（苏州）有限公司总经理马凯表示，苏州工业园区和苏州市政府第一时间主动对接企业，在复工复产方面给予大力支持，增强了企业的信心，企业也非常有意愿在苏州进一步投资和发展。

阿斯利康在这方面也有大动作。2020年4月27日晚，阿斯利康与无锡合作共建的无锡国际生命科学创新园正式全面启用。创新园将凭借无锡的政策支持，以及阿斯利康的产业资源，为创新企业提供孵化支持。对于阿斯利康来说，创新园将助推其在中国发展成为一个业务生态更加全面的平台型企业。

在中国市场不断加大投入，让阿斯利康收获颇丰。根据公司2019年财报，阿斯利康总收入同比增长10%，中国区收入同比增长35%，占到公司总收入的20.7%。不管是从占比还是从增速来看，阿斯利康在中国市场的业绩都是优异的。

进入2020年，外企与中国合作伙伴开展业务合作的新举措层出不穷。

BP与华润化学材料科技股份有限公司（下称"华润化学材料"）

签署战略合作协议。华润化学材料是 BP 在华 PTA（精对苯二甲酸）业务的长期重要客户。BP 将与华润化学材料共同探索发展机遇，巩固加强在 PTA 采购，以及在聚酯产业链上的合作，携手进一步开拓国际市场。与此同时，BP 已注资华润化学材料，并成为其股东之一。BP 位于珠海的 PTA 旗舰工厂，是目前 BP 全球最大的 PTA 生产基地，年产能达 240 万吨。与市场上类似技术相比，BP 的技术能效更高、耗水量更低、固体废物排放更少。BP 近期研发出一项领先的塑料回收技术——BP Infinia。该技术能够使目前不易回收的 PET 废弃物变废为宝，并转换成全新且品质纯正的 PET 生产原材料。BP 中国董事长兼总裁杨筱萍表示："通过与华润化学材料携手，在聚酯产业链上应用领先的科技与商业模式，我们希望能够共同开拓更有竞争力和可持续发展的未来。"

巴斯夫与山东一诺威聚氨酯股份有限公司（下简称"一诺威"）签署战略合作意向协议，携手服务于中国及海外市场多个行业客户不断增长的需求。根据协议，巴斯夫将与一诺威携手提升甲苯二异氰酸酯（TDI）、二苯基甲烷二异氰酸酯（MDI）及聚四氢呋喃（PolyTHF）的产量。MDI 和 TDI 是聚氨酯的重要原料，聚氨酯是一种用途极其广泛的塑料材料。它能提高保温性能，为汽车生产提供更为轻质的材料，帮助建筑节约能源。双方还会加强建筑材料以及特性化学品材料领域合作，进一步支持双方在关键战略性行业的发展。巴斯夫大中华区总裁兼董事长柯迪文博士表示："巴斯夫一直

跨国布局

与客户积极合作，为中国各个行业开发可持续解决方案。我们通过产品衡量公司在价值链上的价值主张，并努力为社会作出贡献。我很高兴巴斯夫与一诺威在这方面有着相同的愿景。"

阿联酋航空于2020年1月14日宣布，正式与携程集团签署合作谅解备忘录。双方的合作将首先围绕联合营销推广等市场举措展开。根据双方签署的合作协议，阿联酋航空将重点依托携程广泛且雄厚的用户网络，深入发掘市场潜力，为携程用户推出量身定制票价及产品，以进一步扩大用户覆盖和市场渗透。作为战略合作的下一步，双方还将围绕会员计划展开，制定更加贴合双方会员需求的独家优惠举措。未来，双方的合作还将围绕为双方会员提供量身定制的产品展开，并为今后探讨技术合作、大数据分析及市场战略的制定奠定基础。

2020年1月15日，玛氏箭牌与京东到家正式签署合作协议，宣布三年战略合作愿景。根据协议，双方将共同向行业输出快消品牌即时零售商业价值模型，打造合作标杆，不断探索优化品牌商、零售商、京东到家平台三方合作新模式，线上线下联动，加速下沉覆盖，为更多消费者提供更好的本地即时零售服务。

面对数字化和即时零售发展最为迅猛的中国市场，玛氏箭牌中国区总裁麦伟坚表示："这次与京东到家的合作是我们深耕中国市场、探索消费者即时性消费需求的重要里程碑。我们希望借助本次合作，充分发挥我们对品类的深刻理解，成功定义更多全新消费场景，触达潜在消费者，拓展销售渠道，不断增长品类。"

扩大充电网络覆盖面，对新能源车主而言无疑是一大利好。2020年6月3日，宝马与国网电动汽车公司正式签署合作协议，将联手推动中国新能源市场以及电动车生态和数字化服务的发展。

作为首家与国网电动汽车开启战略合作的国际汽车品牌，宝马表示，2020年年底，将为中国的车主提供超过27万根充电桩，其中包括8万根提供快速充电的直流充电桩。通过接入国网"十纵十横两环"高速城际快充网络，宝马充电网络将覆盖超过5万千米高速公路，这意味着高速公路平均每50千米便有一个充电桩。此次合作标志着宝马在中国电动领域本土化战略的再次推进。宝马表示，在中国将采取全面电动化战略，2020年将提供6款新能源车型，同时大力发展电驱动技术、充电设施以及数字化服务。宝马集团大中华区总裁兼首席执行官高乐说："与国网电动汽车公司的合作，再次凸显了宝马集团在这一领域的坚定承诺。"

综上所述，不平静的2020年，带给世界诸多的不确定性，但随着中国迅速控制疫情、全面推进复工复产，外资基本盘总体稳定，外企在华生产经营逐步走向正常。外企对中国充满信心，这充分说明中国投资环境的稳定性和坚韧性。

后　记

　　2020年注定将浓墨重彩地载入史册！

　　一场突如其来的新冠肺炎疫情，给整个世界按下了"暂停键"，给世界经济、资本流动，以及跨国公司的发展带来太多的不确定性。2020年9月，此书付梓之际，疫情仍然在全球蔓延。

　　此书原本是想记录和分析跨国公司在2019年的表现及特点。因为疫情，我们改变了这个设想，将时间定位在2019年到2020年之间，在书中加入了疫情之下跨国公司的选择和表现，以及发展趋势。这使得此书更加符合当今世界的发展现状，更加具有现实意义和收藏阅读价值。

　　当今世界正经历百年未有之大变局，新冠肺炎疫情全球大流行加速了这个大变局，国际经济、科技、文化、安全、政治等格局都在发生深刻调整。在疫情长期化、防疫常态化背景下推动经济复苏增长，对各国而言都是一个重大课题。作为成功控制住新冠肺炎疫情并率先复工复产的全球第二大经济体，中国日渐活跃的经济活动为晦暗的世界经济增添了生机与亮色。不少跨国企业感叹，是中国市场弥补了他们的损失。

　　《经济日报》长期关注跨国公司的发展。2017年7月，《经济日

后 记

报》微信公众号开设了中英双语的"外企头条"专栏,每天播发跨国公司在全球特别是在中国市场的信息。2019年1月1日,"外企头条"专栏增加了主播评说环节,由《经济日报》记者每天从跨国公司的动态中找出一条重要信息作出点评。三年多来,我们对跨国公司的全球布局一直保持着相当的新闻敏感度,概括总结了一些规律性的特点。此书记录了我们的采写和思考,不当之处,请予以指正。我们愿与广大读者一道关注并研究跨国公司。

常常想起欧莱雅中国总裁兼首席执行官费博瑞在2019年中国进口博览会举办期间接受《经济日报》记者采访时讲述的一个观点:"未来的中国'海阔鱼大':这是一片越来越开放的大海,拥有'海阔凭鱼跃'的胸怀和气度;这里也是浩瀚无垠的机遇之海,将让越来越多寻求创新和发展的企业'如鱼得水'。"

是的,跨国公司坚守扎根中国发展是正确的选择。中国开放的大门只会越开越大,中国市场这么大,欢迎大家都来看看。

在本书出版之际,非常感谢在本书撰写中给予支持和帮助的《经济日报》领导、同仁,感谢我们的编写团队的辛勤工作,感谢华文出版社的领导和编辑在本书出版过程中的付出和努力。总结过去,才能把握未来,希望本书的出版能在2020年为世界经济和中国经济的未来,起到一点遵循和指引作用。

编者

图书在版编目（CIP）数据

跨国布局 / 陈学慧主编. —— 北京：华文出版社，2020.9

ISBN 978-7-5075-4908-9

Ⅰ. ①跨… Ⅱ. ①陈… Ⅲ. ①跨国公司－研究－中国 Ⅳ. ①F279.247

中国版本图书馆CIP数据核字(2020)第151046号

主　　编：	陈学慧
执行主编：	廉　丹
责任编辑：	杨艳丽
封面设计：	金　帆
内文设计：	高　洁
出版发行：	华文出版社
社　　址：	北京市西城区广外大街305号8区2号楼
邮政编码：	100055
网　　址：	http://www.hwcbs.com.cn
电　　话：	总 编 室 010-58336239　发 行 部 010-58336253　58336202
	责任编辑 010-58336191
经　　销：	新华书店
印　　刷：	北京明恒达印务有限公司
开　　本：	710×1000　1/16
印　　张：	17.5
字　　数：	180千字
版　　次：	2020年9月第1版
印　　次：	2020年9月第1次印刷
标准书号：	ISBN 978-7-5075-4908-9
定　　价：	58.00元

版权所有　侵权必究